ÉTUDE HISTORIQUE

SUR

LA DURÉE ET LES EFFETS DE LA MINORITÉ.

ÉTUDE HISTORIQUE

SUR LA DURÉE ET LES EFFETS

DE LA MINORITÉ

EN DROIT ROMAIN ET DANS L'ANCIEN DROIT FRANÇAIS

SUIVIE DE L'EXAMEN DE CETTE QUESTION :

Quelle est, en règle, d'après le Code civil, la capacité de contracter du mineur non émancipé

PAR

JACQUES FLACH

AVOCAT

DOCTEUR EN DROIT.

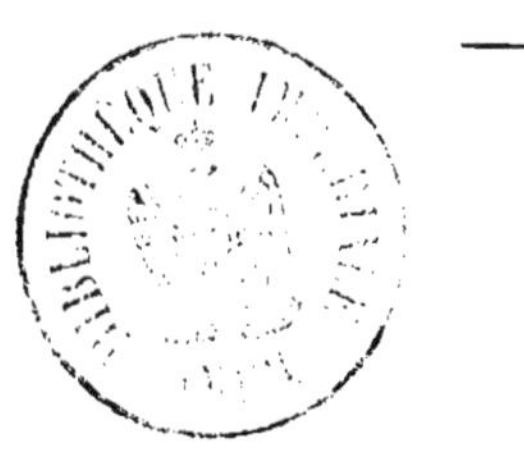

627.
69.

PARIS

ERNEST THORIN, ÉDITEUR.

7, rue de Médicis, 7.

1870

STRASBOURG, TYPOGRAPHIE DE G. SILBERMANN.

A MONSIEUR IGNACE CHAUFFOUR

AVOCAT A LA COUR IMPÉRIALE DE COLMAR.

Hommage de mon profond et respectueux attachement.

J. FLACH.

TABLE DES MATIÈRES.

ÉTUDE HISTORIQUE

SUR

LA DURÉE ET LES EFFETS DE LA MINORITÉ

EN DROIT ROMAIN ET DANS L'ANCIEN DROIT FRANÇAIS

suivie de l'examen de cette question :

Quelle est, en règle, d'après le Code civil, la capacité de contracter du mineur non émancipé ?

> L'intérêt des mineurs, celui des familles, le respect dû à la morale publique, exigeaient que la personne et les biens des mineurs fussent entourés de toute la protection de la loi.
>
> (*Rapport du tribun Jaubert. — Séance du Tribunal du 15 pluviôse an XII. — Locré, XII, p. 497.*)

AVANT-PROPOS.

Éclairer le Code par l'ancien droit, celui-ci par le droit romain, tel m'a toujours semblé un des premiers devoirs de la doctrine : c'est aussi la tâche que je me suis imposée dans ce travail. Je n'ai cru pouvoir la réaliser qu'en étendant souvent mes investigations à tout le système de protection par lequel ces législations anciennes avaient cherché à couvrir le mineur contre sa faiblesse et son inexpérience, aux effets de cette protection, à sa durée. En cela, il faut le dire, j'ai obéi encore au désir de toucher à plusieurs points fort délicats de l'histoire du droit romain, et de porter quelque lumière dans une des parties les plus obscures, mais aussi les plus intéressantes de notre vieille jurisprudence.

**Étude historique sur la DURÉE et les EFFETS de la minorité
en droit romain et dans l'ancien droit français.**

CHAPITRE PREMIER.

Droit romain.

1. Une circonstance tout extérieure, le développement physique de l'individu, parut d'abord aux Romains devoir déterminer la capacité juridique. Pubère et *sui juris*, on était maître de sa personne, on était jugé apte à administrer ses biens, à en disposer; impubère, on ne pouvait, à l'origine du moins, ni s'obliger ni obliger les autres. Rien n'était donc plus important que de marquer d'une manière précise l'instant où la puberté commence. Faut-il croire, comme Justinien voudrait le faire entendre[1], qu'on avait recours, dans ce but, à un examen corporel de l'enfant? j'avoue que cela m'a toujours semblé inadmissible. — La puberté n'était-elle pas aussi le point de départ de la faculté de tester[2]? Or la validité du testament ne peut être mise en question qu'après la mort du testateur! Comment donc

---

[1] Inst. 1, *Quibus modis tutela finitur*, 22, pr. C. 3, *Quando tutor vel curat.*, 5, 60.

[2] L. 5, pr.; L. 19. *Qui testamenta facere poss.*, 28, 1. — L. 2; L. 4 etc., *De vulgari et pupill. subst.*, 28, 6.

aurait-on pu s'assurer à ce moment que la *testamenti factio* avait appartenu au disposant, lors de la confection de l'acte, si le seul moyen de constater la puberté avait été l'*inspectio corporis?* Et cette même difficulté ne se serait-elle pas rencontrée aussi quant à la capacité de contracter mariage? Il suffisait qu'un certain temps se fût écoulé depuis la célébration, pour qu'il devînt impossible de prouver qu'à un moment donné le mariage avait été nul, à raison de l'impuberté de l'un des époux. S'il était indispensable, d'après cela, de fixer un âge à partir duquel l'enfant fût *présumé pubère,* à l'effet de pouvoir disposer de ses biens par testament, ou de se marier, pourquoi, cet âge une fois fixé, n'aurait-il pas été adopté en tous cas possibles, comme limite de l'enfance et de la virilité? Cette raison de douter n'est point la seule. — En effet, ou bien la tutelle ne finissait jamais que par l'*inspectio corporis,* et alors qui ne voit les inconvénients d'un système où la visite corporelle de l'enfant devait être répétée jusqu'à ce qu'elle donnât un résultat satisfaisant? ou, au contraire, cette visite était jugée inutile en cas d'accord du tuteur et du pupille, et alors encore la situation était grosse de dangers : l'arbitraire était substitué à la loi, la porte ouverte aux abus, rien ne devait plus retenir le tuteur pressé de se décharger d'une obligation qui lui pesait, le pupille ardent à secouer un joug incommode, et comme résultat final, plus de sécurité pour les tiers; car pourquoi aurait-on refusé à l'enfant sorti de tutelle sans examen préalable, le droit de leur opposer son impuberté? — Voilà pour le pupille : mais le fils de famille? Comment aurait-on su jamais s'il est ou non pubère? Il eût donc fallu qu'avant de traiter avec lui, chacun se fût assuré s'il est propre aux actes de la génération !

2. A mon sens, c'était bien mieux qu'un examen physique, c'était une vieille institution romaine qui servait à marquer le point où finissait la tutelle, où la capacité juridique prenait naissance. Le 17 mars de chaque année (le XVI des Kalendes d'avril), aux fêtes de Bacchus (*Liberalibus*)[1], il y avait au forum une animation inaccoutumée. De toutes parts arrivaient, au milieu d'un nombreux concours de parents, d'amis et de clients[2], des jeunes gens qui avaient revêtu pour la première fois la toge blanche. Ils avaient quitté, dans leur demeure, la robe prétexte, la toge ornée d'une large bande de pourpre, qu'ils portaient jusqu'à ce jour[3], ils avaient consacré aux dieux Lares la bulle d'or ou de cuir (*bulla aurea, scortea*)[4] qu'une pieuse superstition attachait au cou des enfants; leur barbe inculte avait été taillée[5]; on ne leur voyait plus la longue chevelure qui la veille encore tombait sur leurs épaules[6]. Et maintenant ils venaient au forum, pour faire leur entrée dans la vie publique, pour s'entendre saluer du titre de citoyens, auquel désormais ils avaient droit[7]. Demandons-nous leur âge? la plupart avaient de 14 à

[1] Ovide, *Fasti*, III, v. 771 et suiv. *Tristia*, IV, Eleg. 10, v. 28.

[2] Appien, *Guerres civiles*, IV, 977. Plutarque, *Brutus*, n° 16. Suétone, *Octavianus*, chap. 26.

[3] Perse, *Satires*, V, v. 31.

[4] Properce, *Elégies*, liv. IV, 1, v. 121. Perse, *Sat.*, V. v. 31.

[5] Martial, III, *Epigr.* 58. v. 30, 31 ; VI, *Epigr.* 52. Suétone. *Caligula*, chap. 10.

[6] Martial III, *Epigr.* 58, v. 31. Martial, IV, *Epigr.* 45, v. 8.

[7] On disait du jeune homme : *forum attigit* (Cicéron. *Epistol. ad divers.*, V, 8 ; XV, 16).

15 ans [1], aucun n'était plus jeune [2], mais quelques-uns avaient attendu jusqu'à 16 ou 17 ans, ou même plus [3], avant de quitter la robe de l'enfance. — Eh bien! je crois que cette cérémonie, appelée *tirocinium* par les Romains [4], ne donnait pas seulement accès au forum, qu'elle rendait aussi propre à tous les actes de la vie civile. — Tant qu'il n'avait pas revêtu la robe virile, l'enfant était frappé d'une incapacité complète de tester, de contracter mariage, de s'obliger; devenu *tiro,* tout ce qui lui était défendu jusqu'à ce jour, dorénavant lui était permis. Pour celui, en effet, qui connaît l'esprit religieux des anciens Romains, il doit être hors de doute qu'un fait aussi capital que le passage de cette incapacité absolue à cette pleine capacité dût être consacré par quelque cérémonie du culte; or la seule qui puisse y être rapportée est celle du *tirocinium.* Faire concorder la fin de la tutelle avec la prise de la toge virile, cela n'offrait-il pas aussi le grand avantage que le vêtement même apprenait si l'on se trouvait en face d'un incapable? — Au reste, nous avons des preuves directes qu'il en fut ainsi. Il apparaît de nombreux passages des écrivains de Rome que la toge blanche était le signe

[1] Scholiast. *in Juvenalem,* X, v. 99. Prætexta genus erat togæ qua utebantur pueri, adhuc sub disciplina, usque ad XV annum : deinde togam virilem accipiebant. Cf. Capitolinus. *M. Anton.* IV. — *Non obst.,* Noris. *Cenotaphia Pisana,* Dissert. 2, chap. 4, p. 113.

[2] Il n'y a pas d'exemple dans les auteurs anciens d'un jeune homme ayant pris la robe virile avant cet âge.

[3] Suétone, *Octavianus,* chap. 8; *Caligula.* chap. 10.

[4] Suétone, *Caligula,* chap. 10. — Il serait peut-être plus exact de dire qu'elle était le commencement du *tirocinium,* de l'apprentissage civique.

distinctif de la puberté [1]; c'est dire que le pupille sortait de tutelle au moment où il la prenait, l'impubère seul ayant un tuteur. Et voyez encore les textes : la robe virile, qui se prend aux *liberalia*, y est appelée *libera toga* [2]; le chemin qui se déroule maintenant devant le jeune homme, *vitæ liberioris iter* [3]; au contraire, on nous montre l'enfant *sub disciplina*, jusqu'à ce qu'il ait déposé la prétexte [4], et voici enfin qui doit lever toute incertitude; tant que la bulle d'or, nous dit Festus, est suspendue au cou de l'enfant, il ne peut pas se gouverner lui-même, il est en tutelle : « Bulla aurea insigne erat puerorum prætextatorum..... ut significaretur eam ætatem alterius regendam consilio [5]. »

3. En général, tuteur et pupille devaient être d'accord sur le moment où aurait lieu la prise de la robe virile, et ce moment ne pouvait pas être avancé à volonté, puisque l'usage s'était introduit, probablement dès longtemps, de ne pas revêtir la toge avant l'âge de 14 ou 15 ans, époque à laquelle arrive d'ordinaire la puberté sous le ciel ardent de l'Italie. Cependant un dissentiment était possible, au cas, par exemple, où même après l'âge de 14 ans le tuteur aurait voulu

---

[1] Ulpien, L. 3, § 6, *De liber. exhib.*, 43, 30. — Aulu Gelle, liv. V, chap. 19 : Arrogari non potest nisi jam *vesticeps.* — Festus, v° *Vesticeps. Vesticeps* puer, qui jam vestitus est pubertate; e contra *investis*, qui necdum pubertate vestitus est. — Ausone, *Idylle* IV v. 73. Idem *vesticipes*, motu jam *puberis* ævi Ad mores artesque, bonas... produxi. *Add.*, Inst., IV, *De injuriis*, 4, § 1.

[2] Ovide, *Tristia*, lib. IV, 10, v. 28. *Fasti*, III, v. 777. — Properce, *Elégies*, liv. IV, 1, v. 132.

[3] Ovide, *Fasti*, III, v. 778.

[4] Scholiaste *ad Juvenal.*, Satir. X, v. 99.

[5] Festus, v° *Bulla*.

conserver ses fonctions. Le pupille pouvait établir alors en justice qu'il est pubère. Mais comment devait se faire cette preuve? C'est là la question qui fit naître entre les écoles sabinienne et proculéienne cette dispute dont Ulpien [1] et Gaius [2] nous parlent, et que Justinien a prétendu trancher par sa Constit. 3, *Quando tutores vel curat.*, 5, 60. Proculus voulait que chacune des parties pût forcer le consentement de l'autre dès qu'il était seulement prouvé que l'enfant avait 14 ans. — Sabinus, au contraire, sans avoir aucun égard à l'âge, permettait, soit au tuteur, soit au pupille, de faire finir la tutelle dès que la puberté de ce dernier était démontrée *ex habitu corporis*. — Mais cette opinion fut amendée ensuite par Priscus, qui exigeait bien, comme Sabinus, le développement physique, mais qui se joignait à Proculus pour demander en outre l'âge de 14 ans. Et ainsi tout le monde se trouva d'accord pour reconnaître que l'existence de la puberté ne pouvait être admise tant que l'enfant n'avait pas atteint sa quatorzième année. Je crois que la controverse cessa même complétement une fois que la toge virile ne fut plus le seul vêtement des Romains [3] et que la cérémonie du *tirocinium* fut tombée en désuétude. L'opinion des Proculéiens put alors seule répondre à la nécessité de tracer une ligne de démarcation, à la fois nette et uniforme, entre l'enfance et la virilité, l'incapacité et la capacité juridique. Aussi, à partir de cette époque,

---

[1] Ulpien, *Lib. regul.*, tit. XI, § 28.

[2] Gaius, I, § 196.

[3] Tacite déjà reproche aux avocats d'avoir quitté la toge pour adopter la *pænula*, où ils sont *adstricti et velut inclusi* (Tacite, *De oratoribus*, cap. 39).

l'âge de 14 ans est-il indiqué partout comme le point de départ de la puberté[1]. Personne assurément ne songeait plus à l'*inspectio corporis* : il fallait vouloir, comme certains auteurs[2], faire montre d'érudition, ou, comme Justinien, prendre plaisir à rassembler des fantômes pour avoir le mérite de les disperser[3], à ressusciter de vieilles querelles d'écoles, éteintes depuis longtemps, pour se donner la satisfaction de les trancher.

Ce que nous venons de dire ne s'applique qu'aux hommes: on admit de tout temps que, pour les femmes, la puberté commençait à 12 ans[4]. Le véritable motif en est que les jeunes filles conservaient leur *prætexta* jusqu'au moment de se marier[5].

4. Dans mon opinion, tous les impubères étaient, aux temps anciens de Rome, mis sur la même ligne[6]: tous étaient incapables de figurer dans aucun acte

---

[1] Macrobius, *Saturn.*, VII, 7: Secundum jura publica duodecimus annus in femina et quartusdecimus in puero definit pubertatis ætatem. Macrobius *in Somnium Scipionis*, I. 6. — Festus, v° *Pubes.* — Seneca, *Consol. ad Marciam*, cap. 24. — Ulpien, L. 2, pr., *De vulgari et pupill. subst.*, 28, 6. *Lib. reg.*, XVI, § 1. L. 11, pr., *Quod falso tutore*, 27, 6.

[2] Isidori *Origines*, XI, 2. — Servius *in Virgilium*, Ecloga VIII, v. 39. — Æn., VII, v. 53.

[3] « Probabile videtur Justinianum hic cum larvis pugnasse, ritumque abolevisse, cujus nunquam Romanis in mentem venerat, » a dit Heineccius, sentant déjà combien peu il serait raisonnable d'admettre que la sortie de tutelle ne se faisait qu'après un examen corporel préalable (*Antiquitat. Roman. Syntagma*, lib. I, tit. 22, n° 3).

[4] Inst., I, *Quibus modis tut. fin.*, 22, pr.

[5] Properce, *Elégies*, liv. IV, Eleg. XI, v. 33. — Cicéron, Seconde Action contre Verrès, I, cap. 44.

[6] En ce sens, Savigny, *System des heutigen römisch. Rechts*, III, § 106, p. 24, § 107, p. 26. Berlin 1840.

de la vie civile; leur tuteur les représentait et agissait pour eux. Mais les inconvénients de ce système étaient grands dans une législation où l'on ne pouvait ni acquérir ni transmettre un droit réel par mandataire, et où il fallait avoir été partie à l'acte pour qu'une obligation prît naissance. On ne tarda sans doute pas à s'en apercevoir, en même temps qu'on se disait que l'enfant, aux abords de la puberté, devait avoir un certain discernement, puisque, devenu pubère, il était pleinement capable. Ainsi s'introduisit la règle que ceux dont l'intelligence était suffisamment développée pour qu'on pût les assimiler dans une certaine mesure aux pubères (une question qui était probablement abandonnée à l'appréciation du magistrat[1]) avaient capacité d'obliger seuls les autres vis-à-vis d'eux, et de promettre eux-mêmes avec l'assistance (*auctoritas*) de leur tuteur. Ce furent les *pubertati proximi*. — On ne s'en tint pas là. Peu à peu, par une *benignior juris interpretatio*, on étendit cette règle à ceux qui avaient dépassé l'âge où l'enfant n'est pas encore apte, sinon à prononcer, au moins à comprendre les paroles solennelles exigées pour la formation des contrats[2]. Cet âge fut fixé à *sept ans*[3], sous l'influence de la philosophie

[1] Peut-être aussi avait-on admis une présomption de discernement à l'égard de ceux qui se trouvaient tout près de la puberté, par exemple dans l'année qui la précède.

[2] Inst., III, *De inutil. stipul.*, 19, §§ 9-10. — Gaius, III, §§ 107, 109. — L. 9, *De adquir. vel omitt. hered.*, 29, 2. — L. 1, § 13, *De oblig. et act.*, 44, 7. — L. 6, *Rem pupilli salvam fore*, 46, 6. — Theophili *Paraphrasis* ad § 9, Inst., *De inutil. stipul.*, édit. Reitz, II, p. 651.

[3] Cela montre bien que les expressions *fari non posse, infantia,* n'ont jamais désigné l'aptitude de l'enfant à articuler des mots, aptitude qu'il acquiert ordinairement vers l'âge de deux ans. *Contra,* Pont, *Revue de législation*, t. XXI, 1844, p. 220. — Unterholzner,

grecque, qui attribuait une puissance mystérieuse au nombre sept[1], et l'*infantia* devint ainsi une subdivision de la puberté. Ce fut d'ailleurs la seule, car la distinction entre les *pubertati proximi* et les *infantiæ proximi*[2] n'eut jamais d'importance qu'au point de vue de l'imputabilité des délits[3].

5. En même temps que la capacité des impubères tendait à s'accroître, celle des pubères était renfermée dans des bornes plus étroites. Il en a été ainsi de toutes les institutions primitives de Rome : nettes, tranchées, inflexibles à l'origine, présentant des lignes parfaitement arrêtées, pleines d'oppositions et de contrastes,

Zeitschrift für gesch. Rechtsw., I, n° 3, p. 44 et suiv. — De nombreux témoignages des sources indiquent au reste l'âge de sept ans comme limite de l'*infantia*. Voy. L. 14, *De sponsalibus*, 23, 1 ; L. 1, § 2, *De admin. tut.*, 26, 7. — C. 18, pr., § 4, *De jure deliberandi*, 6, 30. — C. 8, Th., *De maternis bonis*, 8, 18. — Cf. Savigny, § 107, p. 33 et suiv.

[1] *Heidelberger Jahrbücher*, 1815, p. 669 et suiv. Savigny, III, § 107, p. 32.

[2] On a beaucoup agité la question de savoir ce qu'il faut entendre par *pubertati* ou *infantiæ proximi*. — Voy. notamment, Gothofredus, *Comm. in tit. De reg. juris.*, 1. 111. — Accursius *ad eamd. leg.* — Glück, *Pandekten*, 30, p. 432 et suiv. — Gensler, *Archiv für civ. Praxis*, IV, 1821, p. 227 et suiv. — Dirksen, *Rheinisch. Museum*, I, 1827, p. 316 et suiv. — Savigny, § 107, p. 37 et suiv. — L'opinion la plus logique me paraît être que l'enfant qui allait atteindre la puberté était présumé capable de s'obliger par son délit et que s'il venait de sortir de l'*infantia*, la présomption contraire était admise ; qu'enfin, s'il n'y avait lieu ni à l'une ni à l'autre de ces présomptions, le juge appréciait son degré de discernement.

[3] Je ne crois pas même qu'elle ait eu de l'intérêt au point de vue de l'acquisition de la possession. Goldschmidt, *Von der Verpflichtung der Unmündigen*. Archiv für civ. Praxis, 39, p. 434 et suiv. Vangerow, *Lehrbuch*, I, § 204, p. 366. — *Contra*, Savigny, *System* III, p. 50 et suiv., etc.

rigoureuses enfin jusqu'à l'excès, elles perdaient peu à peu ce qu'elles avaient de trop absolu, sous l'influence de cette jurisprudence de l'équité, contre-poids nécessaire d'une législation aussi rigide, que les préteurs créèrent en s'aidant de l'expérience acquise, et s'inspirant des besoins nouveaux de leur temps. — Ici on ne fut pas long à s'apercevoir que livrer entièrement à eux-mêmes des adolescents qui venaient de quitter la robe de l'enfance et entraient dans l'âge des passions, c'était les exposer à des surprises sans nombre. La nécessité d'obvier à ce danger s'imposa même avec une force si grande qu'avant que le préteur intervînt, une loi fut rendue: c'est la loi *Plætoria*, dont la date ne peut être précisée, mais que quelques-uns placent déjà en l'an 387; elle est en tout cas antérieure à 570, époque de la mort de Plaute (voy. *Pseudolus*, vers 290). — Les innovations introduites par cette loi peuvent être ramenées aux trois points que voici : 1º Un *judicium publicum*, d'où découlait l'*infamie*, fut ouvert contre celui qui, en traitant avec un pubère âgé de moins de 25 ans, aurait surpris sa bonne foi[1]. — 2º Le *minor viginti quinque annis* put, en pareil cas, repousser par une *exceptio* les actions que le tiers aurait voulu puiser dans le contrat[2]. — 3º Faculté fut donnée au mineur

---

[1] Table d'Héraclée, lin. 111-112; cf. 117 et suiv. — Voy. Savigny, *Schutz der Minderjährigen* (*Vermischte Schriften*, II, p 335 et suiv.).

[2] Sous le règne des *legis actiones*, la sanction de la loi fut probablement obtenue par une *sponsio* (voy. Plaute, *Rudens*, act. V, scène 3, vers 1287-1288). Dans le système formulaire, le mineur se défendit à l'aide d'une *exceptio legis Plætoriæ*, qui fut plus tard absorbée par l'*exceptio doli mali*, et dont pour ce motif on ne trouve nulle trace dans les sources. Voy. cependant L. 7, § 1, *De except.*. 44, 1.

de se faire assister d'un curateur, dont la présence mettait les tiers à l'abri des conséquences de la loi : personne sans cela n'aurait plus consenti à traiter avec le *minor XXV annis*[1]. — Il paraît du reste que la sanction de la loi tombait, une fois écoulée l'année qui suit la pleine majorité[2]. — En tout cas les pubères, mineurs de 25 ans, n'étaient aucunement déclarés incapables de s'obliger, et notamment il n'est pas vrai de dire, comme on l'a fait, qu'ils ne pouvaient plus, après cette loi, se lier par une *stipulatio* ou un *prêt*[3].

La loi *Plætoria* ne prévoyait que le cas de dol[4]; le préteur alla plus loin : il accorda la *restitutio in integrum* chaque fois qu'un mineur établissait devant lui qu'il avait éprouvé une lésion[5]. — Ce bénéfice devait être demandé pendant la minorité ou dans l'année de la majorité accomplie[6].

6. La curatelle, qui jusque-là avait été spéciale, c'est-à-dire limitée à une ou plusieurs affaires déterminées, et entièrement facultative pour le mineur, fut généralisée et à certains égards rendue obligatoire sous Marc-Aurèle. Voici comment ce nouveau progrès dut se réa-

---

[1] Capitolinus *in Marco*, cap. 10.

[2] Savigny, *System*, VII, § 340, p. 254.

[3] Heineccius l'avait soutenu (*Antiquitat. Roman. Synt.*, lib. I, tit. 23, § 6). — *Contra :* Savigny, *Vermischte Schriften*, II, p. 346 et suiv.

[4] Cicero, *De officiis*, lib. 3, cap. 15.

[5] C'est par une extension, abusive il faut le dire, que cette *restitutio* fut appliquée plus tard aux actes passés par le tuteur, ou par l'impubère, *tutore auctore*.

[7] L'introduction du bénéfice de la *restitutio in integrum*, et la généralisation de l'*exceptio doli*, accordée maintenant aux majeurs aussi bien qu'aux mineurs, firent tomber la loi *Plætoria* en complète désuétude.

liser. — En principe, le pubère continue à être libre
de demander ou non un curateur, et, s'il prend le premier parti, de désigner une personne au choix du préteur[1]. Mais une fois que sur sa demande un curateur
lui a été nommé, celui-ci a, jusqu'à la pleine majorité,
l'administration de tout le patrimoine que le pubère
possède actuellement. En d'autres termes, si le *minor
XXV annis* réclame du magistrat la nomination d'un
curateur, ce sera toujours un curateur *général* qu'on
lui donnera, un curateur aussi dont les fonctions
ne cesseront que le jour où il aura parfait sa 25ᵉ
année. — Ce qui ajouta beaucoup à l'importance de
cette innovation, c'est qu'en trois cas spéciaux le mineur pouvait être contraint de se faire assister d'un
curateur. Il en était ainsi : 1° *in litem*[2] ; 2° *ut ci solva-
tur pecunia*[3] ; 3° *ut tutor rationem ei reddat administra-
tionis*[4]. — Dans ces divers cas, soit le tiers qui actionne
ou est actionné, soit le débiteur qui veut ou doit payer,
soit le tuteur qui désire rendre compte et obtenir dé-
charge, peuvent exiger la présence d'un curateur. Il
faut en conséquence qu'ils avertissent le mineur qu'il
ait à se faire pourvoir d'un curateur (le tuteur y est
même toujours obligé, sous peine d'être poursuivi par
l'*actio tutelæ*[5]), et, comme nous l'avons vu, ce n'est pas
un curateur spécial, c'est toujours un curateur général
qu'il doit demander. Or le pubère ne négligeait sans

[1] Voy. Savigny, *Vermischte Schriften*, II, p. 381.

[2] Inst. I., *De curatoribus*, 23, § 2. L. 1, §§ 3, 4, *De admin. tut.*,
26, 7. — C. 1, *Qui petant. tut.*, 5, 31 ; C. 2. *Qui legit. pers.*, 3, 6. —
C. 11, *Qui dare tut.*, 5, 34.

[3] L. 7, § 2 ; L. 27, §§ 1, 2, *De minoribus*, 4, 4.

[4] C. 7, *Qui petant tut.*, 5, 31.

[5] L. 5, § 5. *De administr. tut.*, 26, 7. — L. 33, § 1, *eod. tit.*

doute que rarement de se rendre à l'avis qui lui était donné, car ne le faisait-il pas, le préteur lui nommait un curateur de sa propre autorité et sans le consulter. A la vérité, le curateur qu'il recevait alors n'était donné qu'*in certam causam*, n'était qu'un curateur spécial; mais un procès, la réception d'un compte de tutelle, ne sont-ce pas là des actes d'une importance telle que le pubère avait le plus grand intérêt à choisir lui-même celui qui devait veiller à la conservation de ses droits? Comme, enfin, l'un au moins des trois cas que nous avons indiqués, la réception du compte de tutelle, se présentait pour toute personne, à moins qu'elle ne fût restée sous la puissance paternelle jusqu'après l'époque de sa puberté, et que les deux autres cas étaient d'une fréquence assez grande, il dut arriver rarement qu'un mineur de 25 ans n'eût pas un curateur général.

7. En résumé, on maintint toujours le principe que nul n'est placé malgré lui sous l'autorité d'un curateur; mais il n'en devint pas moins de règle, après Marc-Aurèle, que la plupart des pubères étaient en curatelle tant qu'ils n'avaient pas atteint l'âge de 25 ans. En effet, presque chaque mineur fut amené à demander un curateur au magistrat, soit pour donner plus de sécurité aux tiers, soit surtout pour éviter qu'on ne lui en imposât un qui ne fût de son choix: et le curateur nommé à la demande du mineur n'était jamais qu'un curateur général restant en charge aussi longtemps que durait la minorité. — Voilà, je crois, la seule manière de concilier les textes qui, d'une part, déclarent que les pubères ne sont pas soumis *inviti* à la curatelle[1],

[1] Inst. I, *De curatoribus.* 23, § 2. L. 43, § 3, *De procurat.*, 3, 3; L. 13, § 2, *De tutor. et curat.*; L. 2, § 4, *Qui petant*, 26, 6. — C. 6, *Qui petant*, 5, 31.

ou supposent qu'ils n'ont pas de curateur universel[1], et, d'autre part, nous apprennent que depuis Marc-Aurèle les mineurs de 25 ans n'ont plus l'administration de leur patrimoine qu'en des cas exceptionnels[2], ou que tous ils ont à côté d'eux un curateur qui les aide de ses conseils et supplée à leur inexpérience[3].

8. Il nous reste à déterminer l'influence qu'exerçait la curatelle sur la capacité du mineur qui s'y trouvait soumis. Elle peut, je crois, se formuler ainsi :

1° Le patrimoine est administré par le curateur[4] au lieu de l'être par le mineur[5].

2° Le mineur, pour pouvoir *aliéner ses biens*, a besoin du *consensus* de son curateur. Une vente faite par le mineur seul est *nulle*, tandis qu'elle ne serait que *rescindable pour lésion* (*restitutio in integrum*), s'il n'y avait pas de curatelle. — La Const. 3, *De in integrum restitutione*, 2, 2, s'explique à cet égard dans les termes les plus clairs.

9. Telles sont les seules restrictions que la curatelle apporte à la capacité du pubère, et ainsi il n'est aucunement exact de dire que le mineur pourvu d'un curateur est incapable de s'*obliger*, *ex jure civili*. Une pareille obligation est aussi valable quand elle a été contractée par le mineur seul que si elle l'avait été avec

---

[1] L. 7, § 2, *De minoribus*, 4, 4 : C. 3, *De in integr. restit.*, 2, 22.

[2] L. 1, § 3; L. 2; L. 3, pr., *De minoribus*. 4, 4; L. 32, *eod.*

[3] L. 1, § 3, *De minoribus*, 4, 4. Inst. 1, *De curatoribus*, 23, pr. — Gaius, *Inst. Epitome*, lib. I, tit. 8. — Ulpien, *Liber regul.*, 12, § 4.

[4] Le curateur seul paie les dettes, perçoit les revenus, este en justice etc. Cf. Savigny, *Schutz der Minderjährigen* (*Vermischte Schriften*, II, p. 386).

[5] Il faut remarquer d'ailleurs que la curatelle ne s'appliquait qu'aux biens composant le patrimoine du mineur à l'époque de la nomination du curateur.

le concours et l'assistance de son curateur ; dans l'un et l'autre cas, on ne peut l'attaquer que par la voie de la *restitutio in integrum*[1]. Les témoignages des sources sont positifs : il suffit de se reporter aux Lois 101, *De verbor. obligat.*, 45, 1 ; Loi 141, § 2, *cod. tit.* ; Loi 43, *De oblig. et act.*, 44, 7. — Quant à la Const. 3, *De in integr. restit.*, 2, 2, dont on a voulu se prévaloir en sens contraire, elle n'a trait, comme nous l'avons vu, qu'à l'aliénation des biens du mineur et ne saurait être généralisée[2]. Il y avait, en effet, pour défendre au pubère la vente de ses biens, des motifs spéciaux et nullement applicables à toute convention quelconque.

Le mineur qui voulait se procurer de l'argent à l'insu de son curateur[3], sans compter qu'il était porté plus facilement à vendre qu'à s'obliger pour l'avenir, ne devait-il pas trouver dix acheteurs pour un prêteur, si la *restitutio in integrum* était seule ouverte contre la vente? L'acheteur n'avait-il pas une sorte de gage entre les mains, et ne lui suffisait-il pas d'attendre tranquillement l'expiration de l'année qui suit la majo-

---

[1] La *restitutio* était même donnée contre les actes faits par le curateur ou par le mineur avec son *consensus* (C. 2, 3, 5, *Si tutor vel curat. interv.*, 2, 25. C. 5, *Si advers. rem judicat.*, 2, 27).

[2] *En ce sens:* Göschen, *Vorlesungen über das gemeine Civilrecht*, II, § 429, p. 174 et suiv. — Savigny, *Vermischte Schriften*, II, p. 383 et suiv. — Mackeldey, *Lehrbuch des heut. röm. Rechts*, § 595. — Vangerow, *Lehrbuch der Pandekten*, I. § 292, p. 531, 7e édit. — *En sens contraire :* Puchta, *Vorlesungen über das heut. röm. Recht*, I, p. 104 et suiv., 4e édit., 1854. *Cursus der Institut.*, II. § 202, 5e édit., 1866. — Sintenis, *Das praktische gemeine Civilrecht*, III, § 145, 2e édit., 1861. — Machelard, *Des obligations naturelles*, p. 261 et suiv. Paris 1861.

[3] La Const. 2, *De in integr. restit.*, semble avoir ce cas en vue quand elle assimile le mineur au prodigue.

rité pour que son contrat fût inattaquable, tandis que le créancier pouvait être obligé d'agir avant cette époque; et puis la *restitutio* ne devait-elle pas être accordée difficilement contre une vente faite à un tiers de bonne foi et pour un juste prix? Enfin et surtout, sans qu'il y ait lésion véritable, quand même tout le prix tourne au profit du mineur, l'acte d'aliénation peut être inopportun, la vente peut être un acte de très-mauvaise administration, et pour ce motif encore il convenait de la déclarer nulle quand le mineur l'avait faite sans consulter son curateur. Cette distinction entre la vente et les autres contrats s'affirme d'ailleurs avec une netteté décisive dans un sénatus-consulte rendu sous Septime Sévère et antérieur par suite à la C. 2, *De in integr. restitutione.* — D'après ce sénatus-consulte, toute aliénation des *prædia rustica* ou *suburbana*, faite, soit par le tuteur, soit par le curateur, soit enfin par le mineur non en curatelle[1], est frappée de nullité si elle n'a pas été autorisée par le testament du père de famille, ou provoquée par un copropriétaire ou un créancier hypothécaire, ou enfin nécessitée par les dettes du mineur, auquel cas même un décret du magistrat est indispensable[2]. La sagesse de cette prohibition fut reconnue aussi par les successeurs de

[1] C. 2, § 1, *De his qui veniam ætat.*, 2, 45; C. 7; C. 11, *De prædiis et aliis reb. minor.*, 5, 71; C. 3, *Quando decreto*, 5, 72; C. 3, *Si major factus alien.*, 5, 74. *Non obstat.* C. 3, *De in integr. rest.*, 2. 22. Le mot *res*, dans cette Constitution, désigne évidemment tous biens autres que les *prædia rustica* ou *suburbana*. Cf. Savigny, *Vermischte Schriften*, II, p. 389.

[2] L. 1, *De rebus eorum qui sub tutela*, 27, 9. — L'engagement des immeubles est mis sur la même ligne que leur aliénation.

Septime Sévère : Constantin[1] et Justinien[2] étendirent successivement la nécessité du décret à tous les biens du pupille et du mineur, autres que les fruits et les choses dispendieuses à conserver[3]. — On comprend, d'après cela, que le mineur pourvu d'un curateur ait pu s'obliger, tout en étant incapable d'aliéner ses biens : telle fut, à peu de chose près, sous Justinien, la situation de celui même qui (hypothèse bien rare sans doute) n'était pas en curatelle : et ainsi la seule différence qui subsista au fond entre ces deux espèces de mineurs fut que les uns avaient l'administration de leur fortune, tandis que les autres en étaient privés.

10. Retournons aux impubères pour voir de plus près le sort des actes passés par eux. Des enfants placés sous la puissance d'un tuteur ceux âgés de moins de sept ans, les *infantes*, étaient les seuls restés dans l'état d'incapacité absolue qui, à l'origine, leur avait été commun à tous. Ils ne pouvaient jamais agir, ni seuls, ni assités ; leurs actes ne donnaient naissance à aucune obligation civile, pas même à une obligation naturelle. Tout autre était la position des *infantia majores*, des *pupilli*. Assistés de leur tuteur, ils contractaient valablement : la *restitutio in integrum* était bien ouverte contre leurs actes ; mais ne l'était-elle pas aussi contre ceux passés par le tuteur lui-même ? Seuls, ils s'obligeaient par leurs délits, pourvu qu'ils

---

[1] C. 2, *Si adversus renditionem*, 2, 28 ; C. 22, *De administr. tut. vel cur.*, 5, 37 ; C. 4, *Quando decreto opus non est*, 5, 72.

[2] C. 28, § 5, *De administr. tut. vel cur.*, 5, 37.

[3] Le *decretum*, au reste, ne faisait pas obstacle à la *restitutio* (C. 2, *De fideicomm. min.*, 2, 24 ; C. 11, *De prædiis*, 5, 71.

eussent un discernement suffisant[1], et par leurs contrats, quand ils augmentaient leur patrimoine; enfin, ils obligeaient les autres envers eux. La règle est en effet : « Meliorem quidem suam conditionem licere eis facere etiam sine tutoris auctoritate, deteriorem vero non aliter quam tutore auctore[2]. » Les textes nous en offrent de nombreuses applications : le pupille peut acquérir et non aliéner — *adquirere*[3], *nihil alienare*[4]; recevoir et non donner — *ei dari potest*[5], *nihil potest dare*[6]; obliger, mais non s'obliger — *sibi obligare*[7], *non obligari*[8]; stipuler, mais non promettre — *stipulari*[9], *non promittere*[10]; se libérer, mais non libérer son débiteur — *liberari*[11], *non obligationem dissolvere*[12].

---

[1] Ce discernement devait être présumé exister chez le *pubertati proximus*, et faire défaut chez l'*infantiæ proximus*. Cf. Savigny, *System*, III, § 108, p. 42 et suiv.

[2] Inst. I, *De auctoritate tutorum*, 21, pr. L. 28, pr., *De pactis*, 2, 14. Gaius II, § 83.

[3] L. 9, pr., *De auctor. tut.*, 26, 9; L. 11, *De acq. rer. dom.*, 41, 1.

[4] L. 9, pr., §§ 1, 2, *De auct. tut.*, 26, 9; L. 11, *cit.*; Inst. II, *Quibus alien.*, 8, § 2.

[5] Inst. II, *Quib. alien.*, 8, § 2. Gaius, II, § 83.

[6] Inst., *loc. cit.* Gaius, *loc. cit.*

[7] Inst. I, *De auct. tut.*, 21, pr., *De inutilibus stipul.*, III, 19, § 9. Gaius, III, § 107.

[8] L. 8, § 15, *Ad sen. cons. Velleian.*, 16, 1; L. 5, pr.; L. 9, pr., *De auct. et cons. tut.*, 26, 8; L. 1, pr., *De contraria tut. act.*, 27, 4; L. 8, pr., *De adquir. hered.*, 29, 2; L. 32, pr., *De adq. vel amitt. poss.*, 41, 2; L. 141, § 2, *De verb. oblig.*, 45, 1; L. 66, *De solut.*, 46, 3; C. 1, *De inutil. stipul.*, 8, 39.

[9] L. 9, § 7, *De rebus creditis*, 12, 1; L. 1, § 13, *De oblig. et act.*, 44, 7; L. 141, § 2, *De verb. oblig.*, 45, 1 etc.

[10] L. 41, *De condict. indebiti*, 12, 6; L. 7, §§ 1, 2, *De auct. et cons. tut.*, 26, 8. Gaius, III, § 119, § 176.

[11] L. 1, *De rescind. vend.*, 18, 5; L. 2, *De acceptilatione*, 46, 4.

[12] Gaius, II, § 84; L. 14, § 8; L. 15, *De solut.*, 46, 3.

Ainsi un contrat unilatéral passé au profit du pupille sortit tous ses effets, tandis qu'il resterait inefficace s'il avait été passé à sa charge. S'agit-il d'un contrat synallagmatique, le tiers avec lequel l'impubère a traité se trouve obligé pour le tout; le pupille lui-même ne l'est pas si la convention n'a rien fait entrer dans son patrimoine; mais, au cas contraire, il est tenu civilement; le tiers, depuis Antonin-le-Pieux, a son action contre lui jusqu'à concurrence du profit qu'à l'époque de la *litis contestatio* il avait retiré du contrat[1]. Le maintien ou le rejet de ce contrat sont donc entièrement aux mains du pupille ou de son tuteur; en poursuivent-ils l'exécution, le tiers est obligé de satisfaire à l'engagement qu'il a pris (sauf les garanties qu'il peut demander), mais il peut à son tour poursuivre le pupille, soit *de in rem verso*, soit même pour le tout, si le tuteur est intervenu et a déclaré maintenir le contrat. Au contraire, pupille et tuteur restent-ils dans l'inaction, refusant l'exécution qui leur est offerte, l'autre partie n'a aucune prétention à élever, n'a droit d'exercer aucune action du chef de la convention qu'elle avait souscrite.

11. Il y a plus : si le pupille s'était déjà acquitté de son obligation, il pourrait répéter ce qu'il aurait payé[2], et le tiers ne pourrait jamais faire valoir ses droits par voie d'exception, pour tout ce qui excède la *versio in rem* du pupille. Ce dernier point a été contesté dans l'hy-

[1] L. 5, pr., *De auct. et consensu*, 26, 8; L. 1, pr., *eod.* Cf. L. 3, pr., *Commodati*. 13. 6; L. 1, § 15. *Depositi*, 16. 3; L. 66. *De solut.*, 46, 3 etc.

[2] L. 19, § 1, *De rebus creditis*, 12. 1; L. 41, *De cond. indeb.*, 12, 6; L. 29, *eod.*; L. 9, § 2, *De auct. et cons.*, 26, 8; L. 14, § 8; L. 15, *De solution*, 46, 3; Inst. II, *Quibus alien.*, 8, § 2.

pothèse d'un contrat synallagmatique. Vangerow, en se fondant sur les Lois 7, § 1, *De rescind. vend*, 18, 5, et L. 3, § 4, *De negot. gest.*, 3, 5, a soutenu que le pupille, en pareil cas, pourra être forcé indirectement, à l'aide des *retentiones*, des exceptions de compensation ou autres, d'exécuter l'obligation que son contractant avait entendu mettre à sa charge[1]. Je ne saurais partager cette manière de voir. Il est bien vrai que la Loi 7, § 1, *De rescind. vend.*, porte : « Idem potest quæri, si sine tutoris auctoritate pactus fuerit, ut discedatur ab emptione, an perinde sit, atque si ab initio sine tutoris auctoritate emisset, ut scilicet ipse non teneatur, *sed agente eo retentiones competant?* » Mais Vangerow donne à ces dernières expressions une signification qu'elles ne peuvent comporter. — Le cas prévu est celui-ci : un achat a été fait par le pupille *tutore auctore*, puis est intervenu un pacte où le pupille a figuré seul et suivant lequel chacune des parties devait avoir le droit de résilier le contrat. Quel est le sort de ce pacte? se demande alors le jurisconsulte. Doit-il être maintenu, ne doit-il pas l'être? — Maintenu, il le sera toujours à l'encontre du tiers; mais le sera-t-il aussi à l'encontre du pupille? Si cela n'avait pas lieu, le pacte n'étant pas obligatoire pour ce dernier, et l'étant pour l'autre partie, il en serait de même de la vente, et alors les deux contractants se trouveraient placés dans le même état que si dès le principe le pupille avait agi seul. — Les conséquences d'une pareille situation sont indiquées par ces mots : « scilicet ipse (pupillus) non teneatur, sed agente eo

[1] Vangerow, *Lehrbuch der Pandekten*. I. § 279. p. 518-519, 7e édit., 1863.

retentiones competant.» En effet, de deux choses l'une :
ou la vente n'a pas été exécutée encore, ou bien elle
l'a été[1]. Dans le premier cas, le pupille seul peut
agir : ne le fait-il pas, le contrat reste sans effet; au
contraire, en poursuit-il l'exécution, le tiers ne peut
se soustraire à son action; le seul droit qu'il aurait, ce
serait de retenir la chose (*retentio*) jusqu'à ce que le
pupille lui eût offert des garanties suffisantes, et notamment eût fait intervenir le tuteur. Dans la seconde
hypothèse possible, celle où le prix a été payé, la chose
livrée[2], le pupille n'est non plus lié par la vente, *non
tenetur;* il l'est même si peu qu'il est en droit de répéter
le prix qu'il avait payé; mais s'il exerce l'action qui lui
appartient de ce chef, le vendeur peut lui faire subir
une *retentio*, jusqu'à concurrence du profit qu'il a retiré du contrat; car, dans cette mesure, le pupille est
obligé *civiliter*. Là s'arrête aussi le droit du tiers, et
rien ne nous autorise à penser que Paul a entendu
dire dans la Loi 7, § 1, *De rescind. vend.*, que les
retentiones peuvent avoir lieu pour le tout. A moins
qu'on n'exprimât clairement le contraire, n'allait-il
pas de soi qu'elles étaient renfermées dans les limites
de l'enrichissement du pupille? était-il besoin de rappeler un principe si fondamental, si universellement
connu, que le pupille peut bien rendre sa condition
meilleure, mais pire en aucun cas? Du reste, admettre
qu'il s'agit dans la Loi 7, § 1 *cit.*, de *retentiones* qui supposent une obligation civile de l'impubère, ce n'est pas

---

[1] Nous laissons de côté les cas où la vente n'aurait été exécutée
que par l'une des parties : les principes sont les mêmes.

[2] Tout porte à croire que c'est là l'hypothèse que le texte a eu surtout en vue, et à laquelle Vangerow a uniquement songé.

se mettre en contradiction avec l'expression *ipse non teneatur*, dont se sert le texte. Il ressort, en effet, des explications que nous avons données, que ces termes marquent seulement la faculté laisséeau pupille de maintenir ou rejeter la vente, et que ce sont les mots suivants : *sed agente eo retentiones competant* qui indiquent dans quelles bornes cette faculté peut être restreinte, si le pupille ne restitue pas ce qu'il tient du vendeur.

12. Reste la Loi 3, § 4, *De negotiis gestis*, 3, 5, qui semble décider effectivement, et comme Vangerow le soutient, que l'obligation contractée par le pupille *negotiorum gestor* peut, sous forme de compensation, lui être opposée pour le tout : « Pupillus sane, si negotia gesserit, post rescriptum Divi Pii etiam conveniri potest, in id quod factus est locupletior : agendo autem compensationem ejus, quod gessit, patitur. » — Mais quelle loi faut-il ajouter à cette disposition ? Pour se convaincre qu'elle a été altérée, ne suffit-il pas de jeter un coup d'œil sur le contexte de la Loi dont elle fait partie ? — Dans le procemium est rapporté l'Édit *de negotiis gestis :* « Si quis negotia alterius, sive quis negotia, quæ cujusque, cum is moritur, fuerint, gesserit, judicium eo nomine dabo. » — Puis Ulpien commente les termes de cet Édit en les prenant un à un et comme ils se suivent : le § 1 est consacré aux mots *Si quis* ; le § 2 au mot *negotia ;* les §§ 3 et 5 à l'expression *alterius ;* les §§ 6 et suiv. au reste de l'Édit. Ainsi le § 4 romprait seul cet ordre, seul il ferait exception ! tandis que le paragraphe précédent, aussi bien que le suivant, s'occupent du mot *alterius,* et dès lors du *dominus* dont les affaires ont été gérées, le § 4 sortirait complétement de cet ordre d'idées, il parlerait du *negotiorum gestor,*

et expliquerait les mots *si quis* qui forment pourtant la matière du § 1 ! Il ne faut d'ailleurs pas perdre de vue que si le § 4 prévoyait le cas où le pupille gère les affaires d'autrui, il contiendrait une dérogation aux principes, dont nulle part ailleurs, ni dans ce titre *De negotiis gestis*, ni dans aucun autre, on ne trouve de trace, au lieu que la solution qu'il donne s'adapte très-bien au cas où ce sont les affaires du pupille qui sont gérées par un tiers, cas prévu et résolu de même par plusieurs autres textes, soit du Digeste, soit du Code [1]. — Je propose donc de lire ainsi la Loi 3, § 4 : « Pupill*i* sane si negotia gesser*im*, post rescriptum Divi Pii etiam conveniri potest, in id, quod factus est locupletior : agendo autem compensationem ejus quod gess*i* patitur. » — Cette correction, confirmée par le paragraphe suivant qui commence par ces mots : « *Et si furiosi negotia gesserim*, » répond à toutes les objections que M. Machelard a soulevées [2] contre l'opinion de Cujas, de Noodt, de Pothier, lesquels avaient songé déjà à une altération du texte, mais ne l'avaient fait porter que sur le mot *pupillus*. — Je ne saurais admettre de toute manière l'explication donnée par M. Machelard lui-même, qui voit quelque chose de spécial dans l'hypothèse de la Loi 3, § 4, et pense que la décision qu'elle renferme n'est applicable qu'à la *negotiorum gestio*, cas où elle s'explique, dit-il, le contrat se formant sans le consentement du *dominus*. Qu'importe ce caractère spécial du contrat ? La règle est que le pupille n'a pas assez d'expérience et de discernement pour pouvoir

---

[1] L. 6, pr. ; L. 21, § 1 ; L. 37, pr., *De negotiis gestis*, 3, 5 ; C. 2, *eod. tit.*, 2, 19.

[2] Machelard, *Des obligations naturelles*, p. 229.

s'obliger au delà de la *versio in rem ;* tant pis donc pour le *dominus* s'il a abandonné ses affaires, s'il n'a pris des précautions suffisantes pour qu'un incapable ne pût s'immiscer dans leur gestion ! — La disposition de la Loi 3, § 4, aurait, d'ailleurs, été irrationnelle et injuste au plus haut point. Le pupille qui eût géré d'une manière déplorable les affaires d'un tiers, qui eût retiré de cette gestion, mais pour les dissiper, des fruits d'une valeur considérable, se serait trouvé hors de toute atteinte, et celui qui aurait fait à la fois et des dépenses utiles et des fautes de gestion aurait pu n'avoir droit à aucune indemnité !

13. D'après ce que nous venons de voir, que le pupille a la *soluti repetitio,* et qu'au delà de son enrichissement il n'est pas même tenu *ope exceptionis,* il semblerait que pour tout ce qui dépasse cet enrichissement il n'existe point d'*obligation naturelle* à sa charge. Une pareille conclusion pourtant serait erronée. Il est bien vrai que les effets ordinaires d'une obligation naturelle ne sont pas tous produits, puisqu'au nombre de ces effets se trouvent précisément la *soluti retentio* et les autres exceptions, et en ce sens la Loi 41. *De condict indeb.,* 12, 6, a pu dire: *pupillus nec natura debet ;* la Loi 59, *De oblig. et action.,* 44, 7: *ne quidem jure naturali obligatur ;* mais ce n'est là qu'une conséquence de la règle : « Pupillo meliorem quidem suam conditionem facere licet sine tutoris auctoritate, deteriorem vero non aliter quam tutore auctore, » règle qui ne peut pas plus être violée sur le fondement d'une obligation naturelle qu'elle ne pourrait l'être sur celui d'une obligation civile. Chaque fois donc que cela pourra avoir lieu sans que cette règle en reçoive at-

teinte, les effets d'une véritable obligation naturelle du pupille naîtront de la convention passée par lui. — Ainsi : 1° Le paiement effectué par le pupille autorisé de son tuteur, ou devenu capable de disposer de ses biens, par l'héritier du pupille, par un tiers, ne peut plus être l'objet d'une *repetitio:* il est irrévocable[1]. — 2° L'obligation du pupille est susceptible d'être *cautionnée* valablement[2]. — 3° Elle peut être *novée*[3]. — 4° Elle peut faire l'objet d'un *legatum nominis*[4]. — Ce sont là des applications : quant au principe lui-même que le pupille est obligé *jure naturali*, il est formulé en des textes nombreux[5].

14. On s'est demandé quelle est la source de cette obligation naturelle du pupille, et la plupart des auteurs ont répondu qu'elle est puisée dans le *jus gentium*[6].

---

[1] L. 13, § 4, *De condict. indeb.*, 12, 6; L. 21, pr., *Ad leg. Falcid.*, 35, 2; L. 25. § 1, *Quando dies legat. cedat*, 36, 2; L. 95. § 2, *De solut.*, 46. 3.

[2] L. 35, *De receptis qui arbitr.*, 4, 8; L. 127, *De verb. oblig.*, 45, 1; L. 2; L. 25, *De fidejuss.*, 46, 1; C. 1, 2, *De fidejuss. minor.*, 2, 24 etc.

[3] L. 19, § 4, *De donation.*, 39. 5.

[4] L. 25, § 1, *Quando dies leg.*, 36, 2.

[5] Tous les textes cités dans les notes précédentes; de plus: Inst. III, *Quibus modis oblig. toll.*, 29, § 3; L. 42, pr., *De jurejur.*, 12, 2; L. 1, § 13, *De oblig. et act.*, 44, 7; L. 1, § 1, *De noration.*, 46, 2; L. 44, *De solution.*, 46, 3.

[6] Savigny, *Das Obligationenrecht*, I, p. 64-76, Leipzig 1851. — Erxleben, *Die Condictiones sine causa*, 1, *Condictio indebiti*, p. 6 et suiv, p. 125 et suiv.. Leipzig 1850. — Schulze, *De naturali pupillorum obligatione*. Gryphiæ 1853. — Anciennement déjà on avait prétendu que d'après le *droit de la nature*, celui-là seul est incapable qui n'a pas la conscience de ses actes. Cf. Wolff, *Jus naturæ*, VIII, §§ 895. 897, La Haye 1740. Schulting, *De naturali oblig.*, cap. 10. (Comment. academ.. diss. 1, La Haye 1770). — Weber, *Lehre von der natürl. Verbindlichkeit.*, § 71. 5° édit., 1825.

Ils ont dit: l'impubère est incapable de volonté ; il ne peut jamais s'obliger valablement, d'après le droit civil de Rome; mais, le *jus gentium*, lui, s'attache avant tout à l'époque où chacun commence à comprendre la portée et la signification de ses actes, et par suite il était impossible que l'on regardât toujours comme nuls les contrats faits par les impubères. — En raisonnant ainsi, ces auteurs n'ont pas vu que les *infantiæ proximi* étant censés dépourvus de toute intelligence, leur système les conduirait logiquement et malgré eux à distinguer entre ces derniers et les *pubertati proximi*, distinction à laquelle les glossateurs et ceux qui les suivirent étaient arrivés par un autre chemin[1], mais qui est repoussée par les textes. Aussi je crois que c'est dans un ordre précisément inverse que les choses doivent être présentées: les pupilles sont en principe capables, mais pour qu'ils soient à l'abri de toutes surprises, on les laisse maîtres d'empêcher que leurs actes fassent sortir un bien, une valeur, de leur patrimoine. Sans doute, la capacité suppose la volonté, et les textes nous représentent les *infantiæ proximi* comme en étant privés; mais il ne faut pas oublier que les règles qui gouvernent la capacité juridique des pupilles ont été originairement faites pour les *pubertati proximi ;* ce n'est que postérieurement, *secundum humaniorem ratiocinatio-*

---

[1] Voy. entre autres: Glose ad Leg. 59, *De oblig. et act.*, 44, 7 ; 25, *De fidej.*, 46, 1 etc. (Accurse). Cf. Bartolus ad Leg. 1, *De novat.*, 46, 2. — Merillius, *Observ.*, lib. VII, cap. 4, 5, Naples 1720, I, p. 245 etc.

Voy. aussi : Fritz, *Erläuterungen, Zusätze und Bericht. zu Wening-Ingenheim's Lehrbuch*, II, 1re livr., p. 269 et suiv., Carlsruhe 1839. — Christiansen, *Zur Lehre von der naturalis obligatio und condictio indebiti*, Kiel 1844, p. 120.

nem, contra juris rigorem, qu'elles furent étendues aux autres pupilles. Pour apprécier la capacité des pupilles, il faut donc les considérer comme si tous ils étaient *pubertati proximi*. Or quelle a été la marche de la législation quant à ces derniers? On commença par leur reconnaître la capacité d'obliger les autres envers eux, en la fondant sur une présomption d'*intellectus*. Mais celui qui comprend qu'un tiers s'oblige vis-à-vis de lui comprend aussi qu'il s'oblige lui-même ; si donc le pupille n'a pas été déclaré pleinement capable, c'est uniquement qu'il peut être déçu, qu'il n'a pas la *pleine intelligence* de l'acte qu'il passe. — Les textes disent-ils rien d'autre[1]? — Ainsi chaque pupille est présumé savoir qu'il s'oblige : le contrat se forme pour le tout, et il est seulement paralysé dans ceux de ses effets qui peuvent rendre la condition du pupille plus mauvaise. Voilà en quel sens il est vrai de dire qu'il naît une obligation naturelle pour le pupille des conventions qu'il a faites sans l'*auctoritas* de son tuteur.

15. Résumons les principaux résultats auxquels nous venons d'arriver.

1° Les *infantes* (enfants au-dessous de l'âge de sept ans) sont entièrement incapables de contracter; ils ne s'obligent pas même *natura*.

2° Les *pupilli* (de 7 à 12 ou 14 ans) sont considérés comme capables de volonté ; mais on les laisse souverains arbitres du maintien ou du rejet des contrats

---

[1] Voy. surtout: Ulpien, *Lib. reg.*, XX, § 12. Impubes facere testamentum non potest, quia nondum *plenum judicium animi* habet. — C. 18, *De test. milit.*, 6, 21 : Stabilem mentem nondum adeptus est. — Boëthius, lib. IV, *ad Ciceron. Topic.*, XI, 46 : Nullum suæ rei administrandæ utilitatis judicium habere potest etc.

faits par eux. Optent-ils pour le rejet, la convention sera dépourvue de tout effet ; au contraire, s'ils préfèrent le maintien, l'autre partie est tenue de satisfaire à ses engagements; mais eux, on leur permet encore d'écarter toutes les conséquences du contrat qui pourraient leur devenir préjudiciables. Ainsi ils seront bien obligés *civiliter* dans la mesure de leur enrichissement, et au delà de cet enrichissement, les effets d'une obligation naturelle au moins seront produits, en tant qu'il n'en résultera pas une diminution de leur patrimoine; mais, pour le surplus, ils pourront se refuser à exécuter la convention, ou revenir même sur l'exécution qu'ils en auraient faite

Quant aux actes passés par eux *tutore auctore*, ils ne donneront jamais lieu qu'à la *restitutio in integrum*, à moins qu'ils ne soient soumis à des formes spéciales dont l'observation ait été négligée (vente, hypothèque). — La *restitutio*, d'ailleurs, est accordée aussi contre les actes faits par le tuteur lui-même, fût-ce après décret.

3° Les *minores viginti quinque annis* ne jouissent pas de toutes les immunités des pupilles : ils n'obligent pas seulement les tiers vis-à-vis d'eux, ils s'obligent toujours eux-mêmes d'une manière définitive, sauf la *restitutio in integrum*. L'assistance d'un curateur n'est requise que dans trois cas spéciaux (procès, compte de tutelle, réception de paiement). — Sans doute, depuis Marc Aurèle beaucoup de mineurs avaient des curateurs généraux, jusqu'à la pleine majorité ; mais leur capacité de s'obliger n'en recevait aucune atteinte. La curatelle leur enlevait uniquement le droit d'administrer leur patrimoine et de vendre leurs biens. Et encore, leur situation quant à ce dernier point n'offrait plus rien de spécial, sous Justinien; puisque toute vente d'un bien quelconque ne pouvait plus être faite, soit par un mineur, assisté de son curateur ou non en curatelle, soit par le tuteur d'un impubère, sans les formes que Septime Sévère avait prescrites d'abord pour les seuls *prædia rustica* ou *suburbana*.

Tels furent les principes du droit romain touchant la capacité des mineurs; nous allons rechercher quelles transformations notre ancienne jurisprudence leur fit subir.

CHAPITRE II.

Ancien droit français [1].

SECTION I.

PAYS DE DROIT ÉCRIT.

16. Les pays de droit écrit du midi de la France commencèrent par exagérer l'idée romaine que le pubère est capable de s'obliger : laissant de côté les correctifs que l'expérience y avait fait introduire à Rome, les Coutumes particulières de ces pays assimilèrent les pubères mineurs de 25 ans aux majeurs, sauf la restitution en entier qu'elles accordaient aux premiers en cas de lésion. — « Est observatum et obtentum ...*a tempore a quo non extat memoria,* disent les Coutumes de Toulouse rédigées dès 1280 et depuis lors confirmées souvent par les rois de France [2], *quod major XIV annis, minor XXV,* patre mortuo, *potest se obligare, emere et vendere, et contractus alios celebrare ; et potest esse in causa, seu causis, et habet personam standi in judicio [3].* » — Les nouvelles Coutumes d'Auvergne, dont la publication a eu lieu le 1er mars 1510, portent de même : « Combien que *par cy-devant* par la Coutume du païs

---

[1] Nous ne nous occuperons pas de l'âge auquel le mineur devenait capable de *tester :* il y aurait à cela peu d'intérêt au point de vue où ce travail est fait.

[2] Klimrath, *Travaux sur l'histoire du droit français,* II, p. 226, note 2.

[3] Coutumes de Toulouse. Rubrica de minoribus XXV annorum, n° 1 (Bourdot de Richebourg. *Coutumier général,* IV, p. 1040 ; Paris 1724).

coutumier d'Auvergne, le *masle aagé de quatorze ans et la fille de douze ans accomplis fussent réputés d'aage parfait pour ester en jugement, faire et passer tous contrats comme majeurs de vingt-cinq ans...*[1]» On peut présumer d'après cela que les pubères ne devaient pas toujours avoir des curateurs chargés d'administrer leurs biens; en tout cas, la nomination d'un curateur, ou sa présence si le mineur en avait un, n'était jamais requise, ni pour ester en justice, ni pour donner quittance, ni pour recevoir le compte de tutelle; de plus, la vente faite par le pubère de ses biens, même immeubles, était toujours valable, sans qu'il fût besoin, soit de l'autorisation du curateur, soit d'un décret du juge.

Cette capacité de l'enfant âgé de 14 ans était évidemment excessive. Aussi, dès le seizième siècle, la validité de l'aliénation des immeubles du pubère fut-elle subordonnée au consentement du curateur et à la nécessité d'un décret rendu par le juge : d'une part, en effet, les nouvelles Coutumes d'Auvergne décident en l'art. 2 du chap. XIII : «Et par ce dorénavant le mineur de 25 ans ne pourra, par contract de mariage ny autrement, *disposer de ses biens immeubles, sans authorité de curateur et decret de juge*, soit par convenance de succéder ny autre.» D'un autre côté, l'Ordonnance de François Ier du mois d'août 1539 contient (art. 134) cette disposition : « Ordonnons qu'après l'âge de 35 ans parfaits et accomplis, ne se pourra pour le regard du privilége ou faveur de minorité, plus déduire, ne poursuivir la cas-

---

[1] Coutumes du haut et bas pays d'Auvergne, chap. XIII. n° 1 (Bourdot de Richebourg, IV, p. 1168). Si même cette coutume n'avait pas été reçue dans les pays de droit écrit de l'Auvergne, elle n'en refléterait pas moins la législation qui devait être en vigueur dans ces pays.

sation desdits contrats, en demandant ou défendant, par lettres de relièvement ou restitution ou autrement, *soit par voie de nullité, pour aliénation des biens immeubles faite sans decret, ne autorité de justice....*[1]» Enfin les auteurs s'expliquent dans le même sens : c'est ainsi que nous lisons dans Imbert, l'un des plus suivis parmi nos vieux praticiens : « Minor si immobilia sine judicis decreto alienaverit, *nullius momenti alienatio est*[2]. » — Le droit d'ester seul en justice fut de même enlevé successivement aux mineurs pubères ; si en 1586 (1er février) nous trouvons encore un arrêt du Parlement de Toulouse, rapporté par la Roche Flavin[3], qui déclare valable le jugement obtenu contre le mineur seul, Graverol remarque sur cet arrêt que de son temps « on est plus exact, que les poursuites qu'on fait contre les mineurs sans leur avoir fait pourvoir de curateur, quand ils n'en ont point, ou sans avoir fait appeler le curateur, quand ils en ont un, sont nulles[4]. » Dans le ressort du Parlement de Grenoble, Guy Pape nous apprend que dès le seizième siècle il fallait nommer des curateurs aux mineurs pour qu'ils pussent *ester à droit*[5]. — Enfin la réception de cette règle dans tous les pays de

---

[1] *Recueil gén. des anciennes lois franç.*, par Isambert, XII, p. 628.

[2] Imbert, *Enchiridion juris scripti Galliæ*, Lyon 1558. — Voy. aussi : Charondas le Caron, *Pandectes ou décisions du droit français*, liv. II, chap. 40, p. 402, Paris 1607. — Bouvot, *Nouveau recueil des Arrêts de Bourgogne*, II, v° *Mineur*, quest. 16, p. 687; quest. 24, p. 691 etc., Genève 1628. — Boniface, *Arrêts de Provence*, t. I, liv. IV, tit. IX, chap. 1, n° 1.

[3] La Roche Flavin, *Arrêts notables du Parlement de Toulouse*, Toulouse 1720. Arrêt du 1er février 1586, p. 211.

[4] Graverol, sur la Roche Flavin, *loc. cit.*

[5] Guy Pape, *Jurisprudence ou décisions traduites avec des remarques de Chorier*, Lyon 1692, p. 286.

droit écrit est attestée par Berthon de Fromenthal.
« Le mineur, dit-il, peut être restitué envers un arrêt rendu contre lui, par la seule raison qu'il n'a pas
été assisté de son curateur... On ne suit plus l'ancienne
jurisprudence attestée par Albert, lettre A, art. 21, et
Maynard, p. 1342, suivant laquelle le mineur n'était
pas restitué par le seul défaut de l'avoir fait pourvoir de
curateur, lorsqu'il avait été légitimement condamné et
qu'il n'avait pas été lésé [1]. » — De cette nécessité pour
le mineur d'être assisté d'un curateur pour pouvoir paraître en justice, devait découler la conséquence qu'il
ne pouvait recevoir seul le compte de tutelle, car la
reddition de ce compte ne pouvait avoir lieu à l'amia-
ble, si les deux parties n'étaient pas majeures [2]. —
D'un autre côté, on déclara nul le paiement fait au mineur hors de l'assistance d'un curateur, à moins que le
débiteur n'établît qu'il avait tourné au profit de l'incapable [3]. — Dans tous ces cas les tiers avaient donc le
plus grand intérêt à empêcher le mineur d'agir seul,
puisqu'ils étaient exposés sans cela à une action en rescision [4], et ils durent le forcer à prendre un curateur,

---

[1] Gabriel Berthon, seigneur de Fromenthal, *Décisions du droit civil, canonique et français...*, *avec des observations sur l'ancienne
et la nouvelle jurisprudence des pays qui se régissent par le droit
écrit*, Lyon 1740 p. 505.

[2] Voy. Ordonnance civile d'avril 1667, tit. 29, art. 22.

[3] Arrêt de Toulouse du 25 octobre 1548 (voy. Papon, *Recueil d'ar-
réts notables*, liv. 16, tit. 1, Arr. 6. Paris 1621). — Maynard, *Notables
et singulières questions de droit*, liv. III, chap. 53, I, p. 307. Toulouse 1751.

[4] Les tiers eux-mêmes ne pouvaient pas attaquer l'acte : la nullité
n'était que relative ; c'est ce que fait remarquer par exemple Berthon
de Fromenthal pour le cas où le mineur a esté à droit sans curateur
(*Décisions du droit civil*, p. 508).

chaque fois qu'ils voulaient faire avec lui l'un des actes
dont nous venons de parler. Ainsi s'introduisit l'usage
des *curateurs autorisants*. Leur fréquence devint ensuite très-grande, car plusieurs autres actes importants
du mineur, l'acceptation d'hérédité, l'emprunt, tom-
bèrent sous le coup d'une présomption de lésion quand
ils étaient faits en dehors de la présence d'un curateur.
Que dut-il résulter de là? D'abord que les tiers qui
voulaient traiter avec un mineur manquaient rarement
de le faire pourvoir d'un curateur s'il n'en avait pas,
ou d'exiger l'assistance du curateur qu'il avait: c'est en
effet ce que Maynard nous apprend : « Aujourd'hui,
dit-il, il faut que les mineurs soient régis par curateurs,
et à cela ils peuvent être contraints par ceux à qui ils
auront à faire, » et le même auteur ajoute un peu plus
loin : « La Cour de Toulouse a reçu toujours les con-
traintes contre les mineurs à se faire pourvoir de curateurs à leur nomination ou autrement comme il appartient, à la requête et pour l'assurance de ceux qui ont
affaire et à contracter ou quasi-contracter avec eux [1]. »
— Mais pour que le mineur ne fût pas obligé de se
choisir ou de se voir même imposer un curateur chaque fois qu'il voulait passer un acte juridique, on lui en
nomma un dès qu'il atteignait la puberté: ce curateur
restait alors en fonctions jusqu'à la pleine majorité, et
devait donner son consentement dans tous les cas où
nous venons de voir qu'il était requis [2].

---

[1] Maynard, *Notables et singulières questions de droit écrit,*
liv. III, chap. 53. 1, p. 309.

[2] D'après le nouveau Denisart : « *Si l'adulte ne se choisit pas de
curateur,* la personne qui était auparavant chargée de la tutelle devient son *curateur de plein droit* (Denisart, *Collection de décisions*

17. Quelle était donc au vrai la situation du mineur pubère? Un certain nombre d'actes ne pouvaient être maintenus que s'ils étaient passés avec l'assistance du curateur *autorisant* et les formalités requises, ou quelquefois si le tiers prouvait qu'ils avaient tourné au profit du mineur; c'étaient : l'hypothèque ou l'aliénation d'immeubles (par vente, échange, transaction etc. [1]), le procès, la réception du compte de tutelle, la réception de paiement des capitaux, l'emprunt [2], l'acceptation d'hérédité ou la renonciation [3]. — Les actes qui ne rentraient pas dans cette catégorie, sans être non plus des actes d'administration, l'achat d'immeubles par exemple, l'obligation personnelle du mineur [4], ne pouvaient jamais être attaqués que par la restitution en entier, et c'était au mineur à prouver la lésion. — Enfin le mineur pubère avait pleine capacité pour tous les actes d'administration [5]. Ainsi nous lisons dans Berthon :

nouvelles, v° *Émancipation*, § 5, n° 2, t. VII, p. 500. Paris 1788). Ailleurs il dit... «La famille ou celui qui quitte la tutelle pourrait obtenir une condamnation contre le mineur, pour que dans un délai fixé il ait à se nommer un curateur, sinon que la famille s'assemblera pour en choisir un » (Denisart, *Collection de décisions nouvelles*, v° *Curatelle*, § II, n° 9, t. V, p. 704. Paris 1786).

[1] Rousseau de la Combe, *Recueil de jurisprudence civile*, v° *Restitution*, p. 575. Paris 1746. — Berthon de Fromenthal, *Décision du droit civil*, p. 502.

[2] Argou, *Instit. au droit français*, liv. 1, chap. 9, I, p. 72.

[3] Berthon, v° *Mineurs*, p. 500. — Bretonnier sur Henrys, liv. I, chap. 1, quest., 1, n° 1, II, p. 161. Paris 1738. — Arrêt du Parlement de Provence du 30 avril 1674. — *Dictionnaire des Arrêts*, par Brillon, t. IV, v° *Mineur*, n° 28, p. 376. Paris 1727.

[4] Voy. les auteurs cités aux deux précédentes notes.

[5] Néanmoins il eut d'abord la restitution en entier contre ces actes. Ce ne fut qu'à la fin du dix-septième siècle qu'une jurisprudence nouvelle, inaugurée par un arrêt du Parlement de Grenoble du

« Quoique les mineurs ne puissent donner des acquits valables des capitaux qui leur sont dus, sans l'autorité de leur curateur et celle du juge, ils peuvent néanmoins sans ces formalités recevoir et exiger des revenus de leurs biens, supposé toutefois qu'ils soient pubères. » — « Le mineur peut sans l'intervention de son curateur passer des baux à ferme de ses biens. » — « Le mineur n'est pas restitué contre les fermes qu'il prend, si ce n'est pour lésion énorme [1]. » Meslé dit dans le même sens : « Il est demeuré d'usage ordinaire dans les Parlements de droit écrit, que le mineur, à l'âge de puberté, entre en jouissance de ses biens et devient maître de ses meubles et du revenu de ses immeubles [2]. » — C'était évidemment là la conséquence capitale de la puberté : le mineur pubère était mis à la tête de son patrimoine, il pouvait, et se gérer lui-même, et gérer ses biens. Aussi trouverons-nous tout naturel que l'on soit arrivé à ne plus regarder la puberté que comme une *émancipation de plein droit,* le pubère que comme un *mineur émancipé.* Ce point est aussi intéressant à noter, qu'il est, du reste, facile à établir. — « En pays de droit écrit, dit Ferrière [3], il ne faut point d'é-

16 avril 1668, commença à lui refuser cette restitution. Cf Pothier, *Procéd. civile,* 5ᵉ partie, chap. IV, art. 2, § 1, *in fine.* — Par contre, le curateur qu'il recevait à la puberté dut, d'après un usage qui s'introduisit, l'assister de ses conseils dans les divers actes qu'il pouvait faire. Cf. Denisart, *Coll. de décis. nouvelles.* vᵒ *Émancipation,* § 5, nᵒ 2, t. VII, p. 500.

[1] Berthon de Fromenthal, *Décisions du droit civil,* vᵒ *Mineurs,* p. 504, 505.

[2] Meslé, *Traité des tutelles et curatelles.* chap. 9, nᵒ 8, p. 241. Paris 1752.

[3] Ferrière, *Dictionnaire de droit et de pratique,* vᵒ *Mineurs,* II, p. 310, 311.

mancipation pour sortir de tutelle; le pupille devient de plein droit mineur à **14** ans accomplis... *C'est cet âge de puberté qui les émancipe* à l'effet de pouvoir disposer de leurs meubles et revenus de leurs immeubles, sans avoir besoin pour cela des lettres d'émancipation du prince. » — Denisart s'exprime non moins clairement : « Lorsqu'un mineur cesse d'avoir un tuteur, soit par l'*émancipation*, soit par la *puberté*, il peut bien disposer de sa personne et de ses meubles, mais il n'a que la simple administration de ses immeubles [1]. » — Enfin Meslé énonce la même idée en de nombreux passages de son traité des *Minorités;* je ne rappellerai que celui-ci : « Par les usages des Parlements de droit écrit, l'âge de puberté donne aux mineurs le privilége de l'émancipation, à l'effet de pouvoir disposer de leurs revenus et de leurs meubles, de pouvoir même s'obliger sans l'autorité du curateur, pourvu qu'ils n'aliènent pas ou n'hypothèquent pas leurs immeubles [2]. »

Il paraît cependant qu'en certains cas (par exemple si le patrimoine était considérable ou pouvait être facilement dissipé), l'administration n'était pas confiée au mineur, mais remise entre les mains d'un *curateur comptable* [3], qui restait alors en fonctions, soit jusqu'à la pleine puberté, soit même jusqu'à la majorité. Mais cela ne se rencontrait que très-exceptionnellement [4].

[1] Denisart, *Collection de décisions nouvelles,* v° *Curatelle,* § II, n° 4, t. V, p. 701. Paris 1786.

[2] Meslé, *op. cit.,* chap. 9, n° 8, p. 241. Voy. aussi chap. 11, n° 47, p. 358.

[3] Maynard, *Notables et singulières questions de droit.* II. liv. 9, chap. 55. Arrêt de Toulouse, 8 janvier 1571. Cf. Meslé, *op. cit.,* chap. 10, n° 10, p. 279.

[4] Cf. Meslé, *op. cit.,* chap. 2, n° 16. p. 20, 21 ; chap. 11, n° 47, p. 358; chap. 14, n° 6, p. 488 etc. — Furgole, *Observ. sur l'ordonn. de 1731,* p. 27, 28. Toul. 1733. -- Il ne faut pas confondre, en effet.

18. Il résulte de ce que nous venons de dire au paragraphe précédent que si l'on fait abstraction d'un certain nombre d'actes importants passés sans l'assistance d'un curateur, les obligations du mineur ne peuvent jamais être anéanties si la lésion n'est prouvée : c'est un point qui ne saurait être sérieusement contesté. Certains auteurs, égarés par une fausse interprétation des lois romaines, prétendaient distinguer, il est vrai, entre le cas où le mineur a un curateur et celui où il en est dépourvu : dans le premier cas ils déclaraient nuls les actes faits par le mineur seul, présumant toujours la lésion ; dans l'autre, ils exigeaient que le mineur justifiât de la lésion, pour qu'il pût être relevé de son obligation [1]. Mais cette opinion n'a jamais été reçue et elle ne pouvait l'être. N'avons-nous pas vu qu'à l'origine le mineur pubère était regardé comme capable de contracter, à l'instar d'un majeur, sauf la restitution en entier qui lui était accordée ? Le principe était : « *Minor non restituitur tanquam minor, sed tanquam læsus,* » et il allait de soi que la lésion devait être prouvée par celui qui l'invoquait [2]. Or de ce principe on ne s'est jamais départi ;

l'administration du *curateur comptable* avec les avis que le *curateur autorisant* peut, comme nous l'avons vu, être appelé à donner au pubère qui administre lui-même.

[1] De Bezieux, *Arrêts notables du Parl. de Provence*, liv. 7, chap. 2, § 2. Paris 1750.

[2] Bœrius, *Decisiones Burdegalenses*, Francfort 1573. — « Minor quando petit se adversus actum judicialem vel extrajudicialem restitui, debet probare se minorem et *læsum* ad causam quam si defendisset et jura deduxisset sua, foveret bonam » (*Decisio*, 79, n° 6, p. 195). — Adde : *Decisio* 23, n° 57, p. 62. — Bouvot, *Nouveau Recueil des Arrêts de Bourgogne*; Genève 1628 : « A esté respondu que la minorité seule n'est suffisante pour enerver le contrat .. que pour la lesion c'était au mineur à la preuver... » (v° *Mineur*, quest. 15, t. II, p. 686).

tant que l'ancien régime a duré, il a été la base de toute la jurisprudence relative aux actes des mineurs[1]. Qu'importe qu'en certains cas la lésion ait été présumée, quand le mineur agissait sans l'assistance d'un curateur; qu'importe aussi qu'*en vue de ces cas* un curateur autorisant ait été donné? Le principe lui-même en recevait-il la moindre atteinte? tous les actes pour lesquels l'exception n'avait pas été admise ne restaient-ils pas sous l'empire de ce principe? — Si nous consultons aussi la grande majorité des auteurs, nous ne trouvons pas la moindre distinction entre le mineur pourvu de curateur et celui qui n'en a pas: tous posent d'une manière générale [2] la règle: « *Minor non restituitur tanquam minor, sed tanquam læsus* », et cela est d'autant plus significatif que, nous le savons, les cas étaient bien rares où les mineurs n'avaient pas un curateur autorisant. — Un témoignage plus positif peut-être encore nous est fourni par les auteurs qui énumèrent les actes à l'égard desquels la lésion est présumée, quand le mineur les a faits seuls. Ils mentionnent bien l'aliénation

---

[1] Guy Pape, *Jurisprudence ou décisions*; Lyon 1692 : « La minorité est une exception de droit qui attaque l'acte, et qui l'anéantit quand le mineur y souffre quelque préjudice. C'est la jurisprudence du Parlement de ne pas le relever comme mineur, mais seulement comme lésé; c'est le mot des praticiens » (p. 321). — Henrys, *Œuvres*, liv. I, chap. 1, quest. 1, n° 1; II, p. 158. Paris 1738. — Boutaric, *Explication de l'Ord. de 1731*, p. 26. Avignon 1744. — Ferrière, *Dictionnaire de droit et de pratique*, v° *Mineurs*, p. 311-312. — Rousseau de la Combe, *Recueil de jurisprudence*; Paris 1746, v° *Restitution*, sect II, n° 1, p. 575. — Denisart, *Collection de décisions nouvelles*, 8ᵉ édit., Paris 1773, t. III, v° *Mineurs*, p. 293 etc. — Furgole, *Observations sur l'Ordonnance de 1731*, art. 7, p. 27-28. Toulouse 1733.

[2] Voy. les auteurs cités à la note précédente.

d'immeubles, l'emprunt etc. ; mais de la circonstance que le pubère est pourvu d'un curateur, pas un mot, pas une trace [1]. Eh bien! s'expliquerait-on que, voulant indiquer les cas où le défaut d'assistance engendre une véritable nullité de l'acte, ils eussent pu omettre le plus général, le plus fréquent de tous, celui où le mineur a un curateur *autorisant*, si ce seul fait d'avoir un curateur et de passer sans lui un acte quelconque avait dispensé le mineur de prouver la lésion? — Enfin je veux enregistrer encore quelques passages de nos anciens jurisconsultes, où la doctrine que je crois avoir été admise dans les pays de droit écrit se trouve mise en pleine lumière. C'est d'abord Meslé qui nous apprend, on s'en souvient, que « par les usages des Parlements de droit écrit l'âge de puberté donne aux mineurs le privilége de l'émancipation, à l'effet ...de *pouvoir même s'obliger sans l'autorité du curateur*, pourvu qu'ils n'aliènent pas ou n'hypothèquent pas leurs immeubles [2] ».

[1] Bretonnier sur Henrys., liv. I, chap. 1, quest. 4, nº 4, t. II, p. 464. — Rousseau de la Combe, *op. cit.*, vº *Restitution*, p. 575-576. — Berthon de Fromenthal, *Décisions du droit civil*, p. 500. — Claude Serres dit expressément : «La nomination ou assistance du curateur n'est qu'une précaution .. dont le *défaut seul n'opère pas que l'acte soit emporté, s'il n'y a pas de lésion.*» Il est vrai qu'il continue ainsi : «tout au plus la lésion est-elle présumée de droit quand le mineur a traité sans curateur, au lieu qu'autrement c'est au mineur à la prouver;» mais cela ne peut se rapporter qu'aux actes importants qui exceptionnellement donnent lieu à une présomption de lésion (Claude Serres, *Les Institutions du droit français*, liv. I, tit. 22, p. 85. Paris 1753).

[2] Meslé, *Traité des minorités*, chap. 9, nº 8, p. 241. — Ce que Meslé dit en un autre endroit (p. 487), que si les pubères ont un curateur, «ce qui est fait sans l'autorité du curateur est nul, ou du moins sujet à restitution, sans que le mineur soit obligé à prouver qu'il y ait lésion.» cela ne doit évidemment s'entendre que des cas où,

C'est ensuite Berthon de Fromenthal, suivant lequel « le mineur peut, *sans l'intervention de son curateur,* contracter des obligations personnelles valables, » et qui ajoute : « *Les actes obligatoires passés par les mineurs* sortis de la tutelle *ne sont pas nuls de plein droit,* quand ils ne contiennent pas aliénation de leurs immeubles, *mais peuvent seulement être annulés par le bénéfice de la restitution, en cas de lésion* [1]. » Merlin enfin, une autorité en de pareilles questions, pense que d'après les principes du droit romain, suivis dans les pays de droit écrit, le mineur pubère qui avait un curateur pouvait faire valablement (sauf la restitution) tous actes autres que les aliénations [2].

19. Jusqu'à présent nous n'avons parlé que des mineurs qui ont atteint l'âge de puberté ; nous dirons quelques mots de ceux qui sont au-dessous de cet âge. Quand on parcourt nos vieux auteurs des pays de droit écrit, on est frappé d'abord du peu de place qu'ils accordent dans leurs ouvrages aux mineurs impubères : la plupart ne s'en occupent même pas. Mais il suffit d'une réflexion bien simple pour s'expliquer cette lacune apparente. Notre ancien droit ne connaissait pas comme le droit romain l'*auctoritas tutoris* : c'était le tuteur, ce n'était point l'impubère, avec son assistance, qui devait agir : et dès lors il n'arrivait presque jamais que des en-

par exception, l'on présume la lésion, car il rectifie lui-même sa première proposition par cette autre : « L'autorité de ce curateur est nécessaire pour tous les *actes importants,*... pour tous les cas où en pays coutumier. . on donnerait un tuteur *ad hoc* » (Meslé, *op. cit.,* chap. 14, n° 6, p. 487).

[1] Berthon de Fromenthal, *Décisions du droit civil,* p. 504. — *Journal du Palais, Blondeau et Gueret,* I, p. 10.

[2] Merlin, *Répertoire,* v° *Mineur,* § 1, n° III, p. 188.

fants âgés de moins de douze ou de quatorze ans eussent des rapports contractuels avec les tiers. Si pourtant cela avait lieu, quel était le sort de leurs actes ? D'abord, si l'impubère n'avait pas même accompli sa septième année, on devait dénier toute existence juridique aux conventions dans lesquelles il était intervenu [1]. Avait-il dépassé, au contraire, la période de l'enfance, on décidait, comme en droit romain, qu'en principe, il pouvait acquérir (l'acceptation de la donation était néanmoins défendue par l'Ordonnance de février 1731), mais ne pouvait s'obliger : malgré cela, les conséquences de cette incapacité n'étaient plus ce qu'elles avaient été à Rome. Une règle s'était introduite : *Voies de nullité n'ont point de lieu en France*, d'après laquelle on ne pouvait pas repousser l'action née d'un contrat, sous prétexte que ce contrat était nul, selon le droit romain, si l'on n'en avait obtenu la *rescision* préalable [2]. Il ne suffisait donc plus au pupille actionné de se retrancher derrière son impuberté ; s'il voulait résister à la demande ou revenir sur l'exécution effectuée déjà, il devait commencer par faire tomber l'acte qu'il avait consenti. Mais toute action en rescision exigeait l'obtention de *lettres de rescision* [3], qui, délivrées par les chancelleries des Parle-

[1] Prévôt de la Jannès, *Les principes de la jurisprudence française*, I, n° 12, p. 17-18. Paris 1759. — Meslé, *op. cit.*, chap. 8, n° 13, p. 182-183.

[2] Loisel, *Institutes coutumières*. liv. V, tit. 2, reg. 5, n° 706 ; II, p. 115, éd. Dupin et Laboulaye, Paris 1846. — Imbert, *Enchiridion juris scripti Galliæ*; Lyon 1558, v° *Contrats* et v° *Nullités*. — *Pratique judiciaire tant civile que criminelle*, liv. I, chap. 3, n° 3. Paris 1609.

[3] Il fallait que la nullité fût prononcée expressément par la Coutume ou les Ordonnances (*nullité de coutume* ou *d'ordonnance*), pour qu'elle pût être opposée directement *par voie d'exception*, ou

ments, n'étaient *enthérinées* qu'en connaissance de cause, après un examen approfondi de l'affaire[1] ; d'un autre côté, il était de principe que *sans grief* (préjudice) *point de nullité* (rescision)[2], et ainsi on aboutissait à ce résultat que la rescision du contrat fait par le pupille ne pouvait être prononcée que s'il en découlait un préjudice réel à son encontre. Sans doute, c'était au tiers qui avait traité avec lui de prouver l'absence du dommage[3] ; mais il n'en est pas moins vrai que les actes du pupille n'étaient pas nuls par eux-mêmes, qu'ils donnaient naissance à une action, qu'ils étaient maintenus chaque fois que l'impubère n'était pas constitué en perte.

poursuivie, sans lettres du prince, par une *action en nullité* dont la durée était, en général, de trente ans. Mais précisément pour les mineurs cette durée avait été réduite à *dix ans*, à compter de la majorité, c'est-à-dire rendue égale à celle des actions en rescision, quand les formalités prescrites pour les aliénations immobilières n'avaient pas été observées (Ordonnance de François Ier, d'août 1539, art. 134).

[1] Voy. Meslé, *op. cit.*, chap. 14, n° 5, p 486.

[2] Charondas le Caron, *Pandectes ou décisions du droit français*, liv. II, chap. 40, p. 398. Paris 1607. — Domat, *Lois civiles*, liv. IV, tit. 6, sect. 1, n° 1, p. 296. Paris 1745. — Merlin, *Répertoire*, v° *Mineur*, § 9, n° 1 etc.

[3] La *rescision* avait correspondu d'abord à la *restitution en entier* du droit romain : c'était seulement dans les cas où cette dernière était nécessaire à Rome, que des lettres du prince devaient être obtenues, et que la durée de l'action était restreinte à dix ans. Quand plus tard, abusivement, il faut le dire, les actes mêmes que le droit romain déclarait nuls et non pas seulement sujets à restitution ne purent être attaqués que par des *actions en rescision*, au moins fallut-il présumer en pareil cas la lésion, et permettre au demandeur d'attendre la preuve contraire. Cf. Louet et Brodeau, *Recueil d'arrêts*, II, lettre M, somm. 19 — Boniface, *Recueil des arrêts notables du Parlement de Provence*, I, liv. IV, t. 6, chap. 1. — Meslé, *op. cit.*, chap. 14, n° 25, p. 503.

SECTION II.

PAYS DE DROIT COUTUMIER.

20. Les lois germaniques, qui, fondues avec le droit romain, furent la principale source des Coutumes du Nord de la France, fixaient à un âge fort peu avancé l'époque de la majorité. Il est vrai que nous ne trouvons pas à cet égard de disposition précise dans les lois franques, mais nous y trouvons au moins des indications suffisantes pour nous permettre de croire que chez les Saliens l'enfant devenait majeur à douze ans, chez les Ripuaires à quinze ans. C'est à douze ans que la loi salique regarde l'homme comme capable de se défendre, car la peine du meurtre varie du simple au triple, suivant que la victime a ou non atteint cet âge[1]. — C'est à douze ans aussi qu'elle fait commencer la véritable imputabilité, jusque-là si la *faida*, part attribuée à l'offensé, est due, le *fredum* ne l'est point[2]. — C'est à douze ans enfin que l'enfant peut être actionné en justice, avant il ne le peut... « De hereditate paterna « vel materna si aliquis eum interpellare voluerit, usque « ad spatium duodecim annorum exspectare judicatum « est. » Telle est la disposition d'un Capitulaire des rois francs, interprétatif de la loi salique[3]. Quant à la loi des Ripuaires, elle déclare incapables de contracter

---

[1] Loi salique, tit. 26, *De his qui pueros vel puellas occiderint*, nº 1 (Walter, *Corpus juris germanici*. Berlin 1824, I, p. 40). Cbn. tit. 43, *De homicidiis ingenuorum*, nº 1 (Walter, *op. cit.*, I, p. 59).

[2] Loi salique, tit. 26, nº 9 (Walter, I, p. 41). — Le *fredum* paraît avoir été le tiers de la composition (Pardessus, Loi salique, Dissertat. XII, p. 652).

[3] *Capitularia regum Francorum*, Capitul. 3, cap. 5, an 819 (Walter, II, p. 338).

le *puer*, la femme, le serf d'autrui, sans indiquer les limites dans lesquelles la *puerilia* est renfermée [1]; mais elle a un chapitre 81 qui porte dans sa rubrique: *Ut parvulus non respondeat ante quindecim annos*, et fixe à quinze ans l'âge où l'enfant peut paraître en justice, soit comme demandeur, soit comme défendeur [2] : on en peut induire avec quelque vraisemblance qu'à ce moment cesse la minorité. Nous nous croyons d'autant plus autorisé à tirer de pareilles inductions, à généraliser les dispositions des lois salique et ripuaire qui viennent d'être relevées, que, d'après des textes précis, formels, de la plupart des Codes barbares, l'âge de la majorité, arrive soit à douze, soit à quinze ans. — A douze ans, dans le *Gragas*, Code des anciennes lois islandaises, qui remonte à la première moitié du douzième siècle, mais constate un droit bien plus vieux encore [3], — dans le *Gulathing*, recueil des statuts qui régissaient le district de Gulé, l'un des quatre *nomes* de la Norvége, et qui furent réunis en Code l'an 940, sous le règne d'Hakon Adelstein [4], — dans les *lois d'Helsinge-*

---

[1] *Lex Ripuariorum*, tit. 74 (Walter, I, p. 189-190).

[2] *Lex Ripuariorum*, tit. 81 (Walter, I, p. 191).

[3] Voy. les textes du Gragas cités par Rive, *Geschichte der deutschen Vormundschaft*. Braunschweig 1862, I, p. 51-52. Cf. aussi p. 53. Voy. sur le Gragas : Schlegel, *Codex juris islandorum antiquissimus qui nominatur Gragas... Præmissa commentatio historica...* Hauniæ 1829. — Pardessus, *Collection de lois maritimes*. Paris 1834, III, p. 47 et suiv. — Maurer, *Beiträge zur Rechtsgesch. d. german. Nordens. Die Enstehung des isländ. Staats und seiner Verfassung.* München 1852.

[4] A douze ans, dit le Gulathing, l'enfant doit gagner son pain. (voy. Rive, *op. cit.,* p. 52, note 70). — Le Gulathing de 940 a été publié pour la première fois en 1846, par Keyser et Munch; Christiania 1846-1849); jusque-là on n'en avait que la traduction danoise de Paus, 1734.

48

lund [1], province septentrionale de la Suède, lois anciennes aussi, quoique rédigées seulement au quatorzième siècle par les soins du roi Magnus Smek [2], — dans la législation anglo-saxonne des dixième et onzième siècles [3], enfin dans le droit lombard, car l'Édit de Rotharis, qui fut publié en 643, porte : « Legitima ætas « est postquam fili duodecim annos habuerint [4]. » Il est surtout très-intéressant de noter, quoique je n'en aie vu la remarque nulle part, que nous trouvons au commencement du onzième siècle, vers l'année 1027, un acte législatif émané de Conrad II, duc de Franconie, roi d'Allemagne, qui fait voir qu'à cette époque encore l'âge de douze ans était, en Allemagne, le point de départ de la majorité, au moins de la majorité féodale [5]. — Quant à l'âge de quinze ans, nous pouvons citer, comme l'ayant adopté, la loi du district norvégien de Frœsté [6], *Frostathing*, qui date du dixième siècle [7], quoique la rédaction que nous possédons ne soit probable-

[1] Voy. Rive, *Geschichte der deutschen Vormundschaft*, I, p. 73, note 43.

[2] Cf. Pardessus, *Lois maritimes*, III, p. 92.

[3] Schmid, *Die Gesetze der Angelsachsen*. Leipzig 1832, p. 157, 283. — Par les lois plus anciennes il apparaît même que la minorité finissait à dix ans (Schmid, p. 13, 25, 157; cf. Rive, *op. cit.*, I, p. 215).

[4] Edictum Rotharis, chap. 155 (Walter, *Corpus juris germ.*, I, p. 705).

[5] *Fränckisches und Reichs-Recht, oder Keyser-Recht*. Senckenberg, *Corpus juris feudalis germanici*. Francfort 1740, Introd., p 11 et suiv. — Au § 9 du livre III il est dit.... «Si ætas liberorum XII annos excesserit, accipiunt ipsi bona sua, et de iis pro habitu disponere non prohibentur, quousque vero infra XII annos sunt. nihil juris in bonis consequentur ..» (Senckenberg, *op. cit.* p. 9).

[6] Voy. Rive, *op. cit.*, I, p. 52, note 71.

[7] Du règne d'Hakon Adelstein (936-950).

ment que du quatorzième[1] ; le *Biarkeyar-rett*[2], sorte
de droit municipal commun à toutes les villes de la
Norvége et qui se place au douzième siècle ; les lois
suédoises de l'Ostrogothie[3], auxquelles on peut assi-
gner la date de 1260, et celles d'Uplande[4], le plus ancien des Codes suédois, dont nous avons une rédaction
faite en 1295 ; les lois de Scanie et de Jutland[5], qui
régissaient les Danois aux douzième et treizième siècles ; la loi des Bourguignons (467), qui contenait
plusieurs dispositions remarquables touchant les mineurs de quinze ans, et notamment ne leur permettait
de revenir sur les actes consentis par eux que s'ils
avaient été circonvenus. « Minorum ætati, y lit-on, ita
« credidimus consulendum, ut ante XV ætatis annos
« eis nec libertare nec vendere, nec donare liceat. —
« Et *si circumventi per infantiam fuerint*, nihil valebit.
« — Ita ut quod ante quintum decimum annum gestum
« fuerit, intra alios XV annos, si voluerint, revocandi
« habeant potestatem[6]. » Enfin, nous mentionnerons
la loi des Wisigoths, dont il suffira de citer ces deux
passages : « Patre vel matre infra quindecim annos filios
« post mortem relictos, pupillos per hanc legem decer-
« nimus nuncupandos[7]. » — « Venientes usque ad ple-

[1] Du règne d'Hakon VI (1247-1263).

[2] Voy. Rive, *op. et loc. citt.*.

[3] Voy. *Corpus juris Sueo-Gotorum antiqui*, éd. Collin et Schlyter. Stockholm 1827, II, p. 76. — Rive, *op. cit.*, I p. 73, note 42.

[4] *Corpus juris Sueo-Got.*, II, p. 133. — Rive, *op. et loc. citt.*

[5] Rive, *op. cit.*, I, p. 73, note 44. Ces lois sont connues sous le nom de *Skanske Lov* et de *Jydske Lov* ; la première est de 1163, celle-ci de 1241.

[6] *Lex Burgundiorum*, tit. 87, nos 1-3 (Walter. I, p. 343). Cf. tit 47, nos 2, 3 (Walter, I, p. 326).

[7] *Lex Wisigothorum*, liv. IV, tit. III, chap. 1 (Walter. I, p. 501).

« num quartum decimum annum in omnibus judicandi
« de rebus suis liberam habeant absolutamque licen-
« tiam[1]. »

21. Il est vrai que l'âge de la majorité ne resta pas
toujours stationnaire, et que dans plusieurs des Codes
scandinaves ou germaniques que nous avons cités, les
progrès de la législation l'avaient déjà reculé, pour certains actes importants, jusqu'à seize, dix-huit ou vingt
ans[2], établissant ainsi une sorte de majorité à deux ou
même trois degrés, quelque chose comme les *majorités
coutumières*[3], dont bientôt nous aurons à parler. Mais
nous n'en pouvons pas moins regarder, je crois, comme
certain, d'après les témoignages des Codes mêmes qui
furent en vigueur dans la Gaule, et de ceux qui, reçus
chez d'autres nations barbares, peuvent servir au moins
de termes de comparaison, que Francs et Germains
qui vinrent s'établir dans notre pays au cinquième siècle,
y introduisirent la majorité de douze et de quinze ans.
Cette dernière dut prendre le dessus; c'est elle que
nous avons trouvée dans les lois des Ripuaires, des
Bourguignons, des Wisigoths, et elle répondait à la
tendance, fort naturelle dans une sage législation, de
ne pas admettre une majorité trop hâtive.

22. Si l'on remarque seulement combien cette majorité de quinze ans de la loi germanique ou franque
était près de se confondre avec la puberté romaine, on

---

[1] *Lex Wisigoth.*, liv. II, tit. 5, chap. 11 (Walter, I, p. 460).

[2] Voy. Rive, *Geschichte der deutschen Vormundschaft*, I, p. 52,
73, 214-215.

[3] Les lois de Jutland, par exemple, le *Jydske*, tout en déclarant
majeur l'enfant âgé de quinze ans, ne lui permettent qu'à dix-huit
l'aliénation de son immeuble. Voy Rive, *op. cit.*, p. 73, note 45.

ne sera pas étonné qu'elle ait poussé en France de profondes racines, et qu'au moyen âge elle ait presque été de droit commun dans les pays que ne régissait pas le droit romain. Ceci résulte, en effet, de nombreux documents de cette époque. « Nul enfant merme (mineur) d'aage, voyons-nous dans les Assises de Jérusalem, qui datent du treizième siècle[1], ne prent droit, ne ne donne droit, tant qu'il ait XV ans d'aage, car ce est droit et raison par l'assise de Jérusalem[2]; » et ailleurs: «puisque li fis-familias est d'aage, c'est puis que il a XV ans[3]... » Les Établissements de saint Louis (1270) renferment une disposition semblable: « Hom · coustumier (roturier), si est bien aagié, quand il a passé XV ans, d'avoir sa terre, et de tenir service de seigneur, et de porter garantise[4]. » D'après le *Livre de Justice et de Plet*, qui fut découvert par notre regretté Klimrath et dont la publication a été faite en 1850 par les soins de M. Rapetti[5], l'enfant jusqu'à l'âge de *quinze ans* est incapable de vendre, acheter, contracter (p. 117), de *respondre* (p. 131), de *porter garentie* (p. 177), de tester (p. 224). — Beaumanoir dit sur les Coutumes de Beauvoisis (1283) : «tant qu'ils sunt sous aage de *quinse ans*, ils sunt enfant, ne en eus ne pot avoir sa-

[1] La rédaction primitive de 1099 ne nous est pas parvenue : celle que nous possédons, due à Jean d'Ibelin, a été faite par lui vers 1250.

[2] *Assizes de la Court des Bourgois du Roiaume de Jerusalem*, chap. 235, éd. Foucher 1840, I, p. 684.

[3] *Assizes de la Court des Bourgois*, chap. 14, p. 26. — Voy. aussi *Assizes de la Haute-Court*, chap. 71, 169, éd. Beugnot, Paris 1841, I, p. 114 et 259.

[4] Établissements de saint Louis. liv. I, chap. 142 (*Recueil général des anciennes lois françaises...*, par Isambert, II p. 541-542).

[5] Collection de documents inédits sur l'histoire de France. 1re série. Paris 1850.

pience[1]; » il fait même voir que c'était un usage général de la France, dans ce passage qui mérite d'être cité : « Aucun si dient que li enfant de poeste sont toujours en aage, mes c'est gas; car se c'estait voirs donques porroit uns enfès qui alaiteroit encore se mere, dessaisir se de son heritage, et nus drois ne nule coustume ne s'i acorde, ains *uze communement* que ce que il fet dessoz *quinse ans*, ou la femme dessoz *douze ans*, en soi *ostant de son heritage*, ne vaut riens qu'il ne le puist après rapeler[2]. » Contemporain de Beaumanoir, Pierre de Fontaines, en le *Conseil* qu'il *donna a son amy*, ne manque pas d'indiquer, comme terme de la minorité, le même âge de quinze ans. Le chap. XIV, *Chi Parole des sous-aagiés qui ont vendu tere et autres choses*, commence par ces mots : « *Cil qui ont mains de XV ans[3]... »

23. Je ne voudrais pas prétendre que la majorité de quinze ans était admise, avant le quatorzième siècle, par tous les pays coutumiers de France, mais je crois qu'on peut dire qu'elle était de règle, et je ne sais vraiment pas sur quoi M. Beugnot s'est appuyé quand il a écrit que, « sous les deux premières races, l'on reconnaissait deux majorités : le *plein aage* à vingt et un ans, et le *meindre aage* à quatorze ans[4]. » Cette proposition

---

[1] Philippe de Beaumanoir, *Des Coustumes et usages de Biauvoisis*, Chap. XLI, n° 12, II, p. 154. éd. Beugnot. Paris 1842.

[2] Philippe de Beaumanoir, chap. XV, n° 22, I, p. 256.

[3] Le Conseil de Pierre De Fontaines, chap. XIV, n° 1, p. 83, éd. Marnier. Paris 1846. — Voy. surtout aussi chap. XV, n° 35, p. 132-133.

[4] Beugnot, *Essai sur les Institutions de saint Louis*, p. 335. Paris 1821. — Dans le même sens, Kœnigswarter, *Histoire de l'organisation de la famille en France*. Paris 1851, p. 228.

ne pourrait être exacte que si l'on entendait le *plein aage* de la majorité féodale, le *meindre aage* de la majorité roturière, et si, en abaissant le premier à vingt ans, l'on élevait l'autre à quinze. Le noble, en effet, ne pouvait ni combattre ni faire hommage avant vingt ans[1]; jusqu'à cet âge il restait en garde ou en bail, et les procès qu'il pouvait avoir au pétitoire, relativement à la succession de ses parents, étaient différés jusque-là (ce qui fut changé ensuite par Philippe de Valois, en 1330[2]). Mais le vilain devenait capable à 15 ans. Ducange, que M. Beugnot invoque, ne contredit aucunement notre opinion: il cite une charte de 1214 qui ne s'appliquait évidem-

[1] Au moins dans les contrées occidentales de la France, — l'Ile de France, la Normandie, la Bretagne etc. — Plus à l'Est, la majorité féodale était de quinze ans, comme la majorité roturière. — « Scachez, dit Bouteillier dans sa *Somme rurale*, que tout que le mineur passe à quatorze ou quinze ans, il peut revenir à sa terre, ne le bail n'y a plus que toucher. » — Voy. aussi Beaumanoir, chap. XV, n° 44, I, p. 251; chap. XV, n° 30, I, p. 260. — Nous devons encore faire remarquer que l'auteur des *Établissements de saint Louis*, liv. I, chap. 17; II, p. 383, chap. 73, p. 450; celui du *Livre de Jostice et de Plet*, liv. I, chap. 9, § 3, p. 58; liv. X, chap. 23, § 3, p. 221; et enfin Loisel, *Institutes coutumières*, regl. 813, II, p. 194, semblent fixer la majorité féodale des régions occidentales, non à vingt, mais à vingt et un ans. Mais ils entendent par là vingt et un ans commencés, car en d'autres passages c'est l'âge de vingt ans qui est indiqué par eux (Loisel, règle 187, I, p. 214. *Livre de Jostice et de Plet*, liv. XII, p. 233, 238), et une Ordonnance de 1246 porte : « Est autem ætas heredis masculi faciendi homagium domino et habendi terram suam quam cito idem heres *ingressus fuerit vicesimum primum annum* » (Ordonn. de mai 1246, *Recueil général* d'Isambert, I, p. 251). Voy. aussi le *Grand Coutumier de Charles VI*, liv. II, titre *de Garde et Bail*.

[2] Isambert, IV, p. 385-387. Le mineur devait être pourvu, en cas de procès, d'un tuteur *ad litem*.

ment qu'aux nobles[1]. Le Grand Coustumier du pays et Duché de Normandie, qui date du treizième siècle[2], ne parle du *non-aage* de vingt ans qu'au point de vue de la garde[3] et de la *prolongation des querelles*[4], ce qui semble bien indiquer que là aussi il n'est question que de la majorité féodale, car Loisel nous apprend que si, par l'ancienne Coutume de France (avant 1330), « les nobles mineurs de *vingt ans* ne pouvaient intenter ni être contraints de défendre en action pétitoire, » il en était différemment des *non-nobles :* il suffisait qu'ils fussent âgés de quatorze ans pour avoir voix et répons en cour[5]. Cette opinion trouve d'ailleurs un naturel et puissant appui dans les anciennes lois anglaises qui, sorties de notre droit normand, en sont pour nous un précieux reflet. L'âge où le bourgeois devient majeur n'est pas fixé d'une manière uniforme par ces lois; il se détermine d'après son aptitude au commerce, aux affaires; mais le *Sokemann*, tenant obligé au *service de charrue*, atteint son âge à quinze ans. — « Si vero heres et filius Sokemanni fuerit, etatem habere intelligitur tunc cum *quindecim compleverit annum :* » telle est la décision de

---

[1] Ducange, *Glossaire*, v⁰ *Ætas*.

[2] Voy. M. de Rozière, dans la *Revue historique de droit français et étranger*, t. XIII, 1867, p. 72.

[3] Grand Coustumier de Normendie, chap. 33 (Bourdot de Richebourg, *Coutumier général*, IV, p. 16).

[4] Grand Coustumier de Normendie, chap. 43 (Bourd. de Richebourg, IV, p. 21). Cf. Établissements et coustumes de Normendie au treizième siècle, p. 59-61, éd. Marnier, Paris 1839.

[5] Loisel, *Institutes coutumières*, liv. 1, tit. 4, reg. 12, 1, p. 214, éd. Dupin et Laboulaye. — Loisel dit *quatorze ans*, parce que, suivant une autre de ses règles, c'était là l'âge parfait, par l'ancienne Coutume de France (règle 52, 1, p. 76). Mais cela n'est complétement exact qu'à partir du quatorzième siècle.

Glanvilla[1]. La Fleta en contient une semblable[2], et
Littleton dit du tenant en *socage* (roture ou censive) :
« Quant l'heire vient al age de quatorze ans compleat
(15 ans commencés, comme le montre ce qui vient
immédiatement avant), il poit enter et oustre le gardien
en socage et occupier la terre luy-même s'il voit[3]. »
Même pour les nobles il y a, à côté de l'âge parfait de 21
ans, un *âge de discrétion* « qui est celui de 14 ans,
parce qu'à cet âge on peut consentir ou refuser avec
réflexion le mariage[4]. » — On le voit, la majorité de
quinze ans était loin d'être inconnue en Angleterre, et
nous pouvons ajouter en Normandie. Houard le reconnaît, mais il prétend[5] que la majorité de tous les hommes libres ayant été fixée à 21 ans quant au service mi-
litaire, et que les hommes libres n'ayant pas été obligés moins fréquemment que les feudataires à porter
les armes sous les premiers ducs de Normandie, la majorité de 14 ans, à l'égard de l'administration des
biens roturiers, fut, *dans la suite des temps*, anéantie
en Normandie et en Angleterre[6]. A supposer même

[1] Glanvilla, *Tractatus de legibus et consuetudinibus regni Angliæ*
(1190), liv. 7, n° 9, dans Houard, *Traités sur les coutumes anglo-
normandes*, Paris 1776, I, p. 484-485.

[2] Fleta, *seu commentarius juris anglicani*, chap. 11, n° 6 (Houard,
op. cit. III, p. 16).

[3] Littleton, chap. 5, *De socage*, sect. 123 (Houard, *Anciennes lois
des Français conservées dans les Coutumes anglaises recueillies
par Littleton*. Rouen 1716, I, p. 184).

[4] Littleton, chap. 4, *De service de chevalier*, sect. 104 (Houard,
Anciennes lois, I, p 163).

[5] Comment se fait-il alors qu'elle se retrouve dans les textes que
nous avons cités, et surtout dans Littleton, qui écrivait au quinzième
siècle ?

[6] Houard, *Anciennes lois des Français*. I. p. 163

que cette théorie, qui prête certainement le flanc à la
critique, fût exacte, ce serait là quelque chose de
spécial, d'où il n'y aurait rien à induire pour le reste
de la France.

Nous n'avons plus besoin de faire remarquer que
c'est aussi à la majorité féodale qu'a songé l'auteur du
Livre de Jostice et de Plet quand il a écrit : « En totes
les choses où cil qui n'a vingt un an est conchiez (lésé),
la chose est rapelable[1], » car nous avons cité de nombreux passages et nous aurions pu en citer d'autres où
il fait cesser la minorité à quinze ans.

24. Parmi les documents antérieurs au quatorzième
siècle, qui tous font de l'âge de quinze ans le point de
départ de la majorité, je ne veux plus mentionner que
le *Fors de Béarn*, législation du onzième au treizième
siècle, suivant laquelle, si le fils est majeur à quinze
ans, la fille l'est à douze[2]. — On devrait croire que les
bornes de cette majorité si précoce ne tardèrent pas à
être reculées : au lieu de cela, nous les voyons rétré-
cies encore. Au quatorzième siècle, l'âge de quinze ans
a disparu presque complétement; on ne peut, en effet,
rapporter à cette époque les livres du Plédéant et du
Playdoier[3], qui, écrits de 1325 à 1350, ne sont qu'un
écho des Assises de Jérusalem; et si Bouteillier continue
à dire : « Pupilles sont ceux qui sont en minorité si
comme les hoirs masles qui sont dessous 15 ans et la
femelle dessous 11 ans et selon droit écrit dessous 25

---

[1] *Li Livres de Jostice et de Plet*, liv. 3, chap. 8, § 1, p. 115.
[2] Fors de Béarn, art. 194 et 251, *De etat*, p. 74 et 77, éd. Mazure
et Hatoulet. Paris 1840-43.
[3] Le Plédéant, chap. 16, p. 86, éd. Foucher, 1840. — Le Playdoier,
chap. 55, p. 305, éd. Foucher, 1840.

ans[1], » il nous montre lui-même en un autre passage
que l'ancienne majorité de quinze ans était déjà singu-
lièrement ébranlée de son temps : « Scachez, dit-il,
que tout que le mineur passe à *quatorze* ou *quinze* ans,
il peut revenir à sa terre, ne le bail n'y a plus que toucher[2]. » — Mais comment s'expliquer qu'on ait réduit
encore l'âge si peu avancé déjà de quinze ans? Je crois
qu'il faut l'attribuer à l'influence considérable que le
droit romain a exercée en France à partir du quatorzième siècle, et qui était secondée ici par l'idée que
l'on se faisait de la majorité roturière. Le bourgeois devient majeur en devenant propre à pratiquer la pro-
fession de son père : « cum discrete sciverit denarios
numerare, et pannos ulnare et alia paterna negotia si-
militer exercere[3]; » en d'autres termes, quand il a
terminé son apprentissage. Mais cela ne devait-il pas
avoir lieu la plupart du temps aux abords de l'âge de
quatorze ans? N'est-ce pas à cet âge aussi que les lois
de l'Écosse qui, rédigées d'après le livre de Glanvilla,
avaient admis le même principe, fixent la majorité du
bourgeois[4]? — Rien donc, absolument rien ne s'oppo-
sait à ce que les légistes du quatorzième siècle cédas-

---

[1] Bouteillier, *Somme rurale*, I, tit. 92. *Des pupilles et mineurs
d'âge.*

[2] Il est vrai qu'il ne s'agit dans ce passage que de la majorité féodale; mais celle-ci était la même que la majorité roturière, dans
beaucoup de pays de l'Est de la France. Voy. Beaumanoir, chap. XV,
nº 14, I, p. 254; chap. XV, nº 30. I, p. 260. — Cout. de Vitry (1509),
chap. 4, art. 65, Cout. gén. III, p. 317. — De Ponthieu (1495), tit. 2,
art. 58, I, p. 89. — Chaulny (1510). tit. 25, art. 137, II, p. 675 etc.

[3] Glanvilla, *op. cit.,* liv. 7, nº 9 (Houard, *Traité sur les Coutumes
anglo-normandes*, I, p. 485). — Cf. La Fleta, chap. 11, nº 7 (Houard,
III, p. 16).

[4] *Regiam majestatem*. chap. 41, nº 5 (Houard, II, p. 140).

sent à leur continuel et vif désir de mettre la coutume
en harmonie avec la législation romaine, de donner
une extension plus grande au *droit commun* qui « est,
comme les sages dient, un droict qui s'accorde au
droict escrit, et à coustume de pays, et que les deux
sont consonants ensemble[1]. » Ici l'harmonie, la *con-
sonance* était facile à produire; il suffisait d'entendre
par quinze ans les quinze ans commencés et non accomplis, de faire dater la majorité du jour où le jeune
homme entre dans sa quinzième année : cela ne reve-
nait-il pas à exiger comme le droit romain quatorze ans
complets ? Mais est-ce bien ainsi qu'on a procédé? J'en
ai trouvé la preuve dans deux documents du quatorzième siècle, dont le premier surtout est d'un grand
poids, dans le Style du Parlement de Dubreuil qui,
achevé en 1330, fixa, on peut le dire, la législation[2],
et en second lieu dans les Coustumes de la Ville et Septene de Bourges, qui se placent au quatorzième siècle,
à la date de 1350. Je ne puis résister au désir de trans-
crire le passage entier de Dubreuil qui, je crois, est
resté inaperçu jusqu'à ce jour: « Si minor vel in suba-
gio constitutus vellet movere causam super proprietate
et litigare super ea cum aliquo... non potest; séd abs-
que ipsius præjudicio dormiet, donec ad legitimam
ætatem pervenerit... Et reputatur pervenisse ad ætatem
legitimam quoad prædicta, si sit nobilis et habeat *annos completos 20 et inceperit attingere 21;* si autem sit
ignobilis, sufficit *quod compleverit decimum quartum an-*

---

[1] Bouteillier, *Somme rurale*, I, tit. I, *Que est droit?*
[2] Voy. Warnkœnig. *Französische Staats-und Rechtsgesch.*, II,
p. 67. Bâle 1848.

num et attigerit decimum quintum [1]. » C'est une traduction de cette dernière expression *attigerit decimum quintum* que nous trouvons dans l'ancienne Coutume de Bourges. « L'enfant, y est-il dit, ou les enfants, se plusieurs y en a, demourront en la garde de leur mère ou de leur Amy jusques à tant qu'il *ait touché le quinziesme an* [2].» Ailleurs il est dit: *quatorze ans accomplis* [3]. Ces textes se passent de commentaires; ils montrent clairement comment on arriva à ramener à quatorze ans la majorité qui, dans les siècles précédents, était reculée jusqu'à quinze. Avant de citer les auteurs et Coutumes qui attestent ce nouvel état du droit, je veux dire quelques mots de la majorité des femmes.

25. La législation antérieure au quatorzième siècle nous offre une diversité assez grande dans la fixation de l'âge où la femme roturière devient majeure. D'après les Assises de Jérusalem, le mariage seul pouvait mettre un terme à la minorité : « L'aage de la femme, dit le livre du Plédéant, est quand elle est mariée, ou veve, ou qu'elle ait voué chasteté [4] ; » et la femme ne pouvait se marier avant l'âge de douze ans [5]. — Le *Livre de*

---

[1] Stilus Curiæ Parlamenti, cap. 17, *De causa proprietatis*, § 3, publié par Dumoulin, dans ses *Opera omnia*, t. II, p. 427-428, Paris 1681 Dans le § 1, cap. 32. *De minoribus....* qui n'a trait évidemment qu'aux nobles, on lit aussi: « *Minor viginti annis, donec vigesimum primum attigerit, non potest causam proprietatis in judicio defendere agendo vel defendendo ut supra tit. De causa proprietatis et possessionis*, t. II, p. 442.

[2] Coustumes de la ville et Septene de Bourges, de Dun-le-Roy et du pays de Berry, art. 5. *Des pupilles et mineurs d'aage (Cout. génér.*, III p. 876).

[3] Coust. de Bourges, art. 47, III, p. 830 : cf. art. 71, III, p. 882.

[4] Le Plédéant, chap. 16, p. 86, éd. Foucher, 1840.

[5] Assizes de la Court. des Bourgois, chap. 141, p. 278, éd. Foucher,

Jostice et de Plet nous apprend qu'avant saint Louis cette disposition était reçue en France relativement à la femme noble : « Li anciens droiz, y lisons-nous, si est tex que feme n'est à aage à terre tenir devant qu'elle fut mariée[1]. » Je crois qu'on peut induire de là avec assez de vraisemblance (car nous en sommes réduits aux conjectures) que c'est par le mariage aussi qu'en certaines contrées au moins de la France, celles de l'Ouest, la femme roturière sortait de minorité. Mais, d'un autre côté, je serais disposé à admettre qu'à raison de la différence profonde qui séparait le bail de la tutelle, celle-ci établie dans l'intérêt du pupille, le bail au profit du baillistre, la femme non noble devenait majeure au même âge que l'homme coutumier[2], à quinze ans[3]. Cela expliquerait pourquoi les Établissements de saint Louis et le *Livre de Jostice et de Plet* ne parlent point spécialement de la majorité roturière des

1840. — Cf. Assizes de la Haute Court, chap. 171, I, p. 263 et suiv., éd. Beugnot, Paris 1841. — Clef des Assises de la Haute-Cour, n° 222, I, p. 595.

[1] *Li Livres de Jostice et de Plet*, liv. 12, chap. 5, § 7, p. 233.

[2] Cela semble contredit par le passage suivant du *Livre de Jostice et de Plet :* « S'ele est hors de garde et ele n'ait point seignor, l'an ne li doit respondre devant onze ans » (liv. 3, chap. 9, § 4, p. 118); mais ce passage est évidemment à ranger dans la classe de ceux dont parle M. Rapetti dans sa préface, comme constituant des non-sens : il ne peut s'appliquer, en effet, ni à la femme noble ni à la roturière; l'une ne peut jamais sortir de garde avant douze ans; l'autre ne peut avoir de *seignor* (*mari*) avant cet âge (liv. 10, chap. 12, p. 186).

[3] Bracton, liv. 2, chap. 37, § 2, cité par Ducange, v° *Ætas*, dit ce qui suit quant à la majorité des femmes dans son pays : « Ætas plena feminarum in socagio est... cum possunt et sciunt domui suæ disponere et ea facere quæ pertinent ad dispositionem et ordinationem domus. — Quod quidem esse non poterit ante 14 vel 15 annos, quia hujus ætas requirit discretionem et sensum. »

femmes, et cela s'accorderait surtout d'une manière frappante avec l'Ordonnance de saint Louis de 1246, qui n'aurait fait ainsi qu'étendre ce système à la majorité féodale, quand elle déclare qu'à l'avenir la femme noble, quoique non mariée, sera affranchie du bail, à quel âge? précisément à quinze ans... « Statuit et ordinavit, dit cette Ordonnance, quod femina non maritata, postquam decimum quintum annum complevit, habeat legitimam ætatem ad faciendum homagium domino et habendam terram suam [1], » ce que l'auteur du *Livre de Jostice et de Plet* (*loc. supra citat.*) traduit ainsi : « Et li rois Loys vost ci fère amendement (au droit antérieur), et establi par général concire que feme, puisqu'elle auroit quinze ans, fust hors bail, et tenist sa terre. » — En tout cas, il y avait d'autres pays, ceux de la région orientale de la France, où la majorité, soit roturière, soit féodale, des femmes était fixée, soit à onze, soit à douze ans : nous en avons la preuve dans Beaumanoir [2], dans Bouteillier [3], dans *li Droict et lis Coustumes de Champaigne et Brie* [4] etc. — Cette opposition entre les pays de l'Est et ceux de l'Ouest relativement à la détermination de l'âge de la majorité roturière, la seule qui doive nous occuper désormais, disparut en grande partie au quatorzième siècle : partout où, sous

[1] Déclaration touchant le bail et le rachat des terres et la majorité féodale des filles du pays de Maine et d'Anjou, à l'âge de quinze ans accomplis, — donnée à Orléans en mai 1246 (Isambert, I, p. 251). Cf. *Établissements de saint Louis*, liv. I, chap. 17 (Isambert, II, p. 383).

[2] Beaumanoir, chap 41, nº 12, II, p. 154. chap. 15, nº 22, I, p. 256.

[3] Bouteiller, liv. I, tit. 92.

[4] ... Hom est hors davourie au quinzième an et femme le unziesme. Ce fu jugé à Troyes l'an 1278 (Li Droict et lis Coust. de Champaigne et Brie, chap. 5. *Cout. génér.*, III, p 214;.

l'influence des idées romaines, on admit pour les hommes l'âge de quatorze ans, ou fut amené logiquement à faire cesser la tutelle des femmes à douze.

26. Quatorze ans pour les hommes, douze ans pour les femmes, c'est donc l'âge qui, au quatorzième siècle, marqua le point de départ de la majorité roturière. « Est ung fils, dit la Coutume de Bourges de 1350, discerné aagé à 14 ans et une fille à 12 ans [1]. » — La très-ancienne Coutume de Bretagne, que Klimrath dit appartenir au quatorzième siècle [2] et à laquelle Pierre Hévin assigne la date de 1330, met les mâles hors de tutelle à quatorze ans [3], et les filles à douze [4]. Jean des Mares, qui écrivait vers 1363 et dont les décisions commencent par ces mots : « Il est de coutume tenue par tout le royaume de France, » s'exprime en des termes qui ne laissent plus place à aucun doute : « Enfans de pooste, dit-il, sont aagez à quatorze ans, puisqu'ils sont masles; et pucelles sont aagiées à douze ans : mes ceux qui sont nobles sont aagiez à vingt-un ans, quand as choses nobles et feudataires, et quand à celles qui sont tenues en villenage à quatorze ans, comme dessus est dit [5]. » Ce témoignage est corroboré par le *Grant*

---

[1] Coustumes de la Ville et Septene de Bourges, art. 47 (*Cout. génér.*, III, p. 880).

[2] Klimrath. *Travaux sur l'histoire du droit français*, II, p. 15. Paris 1843.

[3] La très-ancienne Coutume de Bretaigne, art. 79 (*Cout. génér.*, IV, p. 220).

[4] La très-ancienne Coutume de Bretaigne, art. 80 (*Cout. génér.*, IV, p. 220).

[5] *Décisions* de Messire Jean des Mares, publiées par Jules Brodeau à la suite de *Coustume de la Prévosté de Paris*, décis. 249 (Brodeau, II, p. 591).

Coustumier de France[1] connu sous le nom de *Grant Coustumier de Charles VI*, qui date, lui aussi, du quatorzième siècle, et dont une édition nouvelle, impatiemment attendue depuis longtemps, vient d'être donnée par les soins de MM. Laboulaye et Dareste. Nous avons enfin pour nous l'autorité si considérable de Loisel, suivant lequel « l'âge parfait était à quatorze ans, par l'ancienne Coutume de France[2]. » — Je n'oserais affirmer qu'il n'y avait d'exception aucune à cette règle, mais je crois que c'était là au quatorzième siècle le droit commun de la France coutumière.

27. Nous avons à nous demander maintenant quelle était à cette époque la capacité juridique, et de l'enfant au-dessous de douze ans ou quatorze ans, et de celui qui avait dépassé cet âge. — Le *sous-aagé* c'était, pour De Fontaines déjà, pour Beaumanoir, pour l'auteur du *Livre de Justice et de Plet*, le *menor*, le *minor viginti quinque annis* du droit romain, celui dont Pandectes, Code et Novelles s'occupaient en de si nombreux textes : ses actes ne pouvaient donc être frappés de nullité, ils donnaient lieu seulement à la *restitutio in integrum;* le mineur n'était relevé que s'il éprouvait un préjudice; en un mot, on appliquait à l'enfant en tutelle la règle : « *Minor non restituitur tanquam minor, sed tanquam læsus.* » — Cet enchaînement d'idées est très-facile à suivre dans le Conseil de Pierre de Fontaines : nous y trouvons d'abord l'assimilation entre le mineur de XV ans du droit français et celui de XXV ans de la loi romaine : « Nostre usage, dit le

[1] Grant Coustumier de France, liv. II, chap. 12, 31.

[2] Loisel, *Institutes coutumières*. liv. I, reg. 34. 1. p. 76. éd. Dupin et Laboulaye.

vieux praticien, met molt menor tens en avoir aage,
qui le met de XV ans accompliz, que ne font les lois,
qui le metent à XXV ans accompliz[1] ». — Puis nous
voyons appliquer au pupille les textes faits pour le mineur de vingt-cinq ans. — « La loi escrite dit bien que
on ne doit mie aider au souz-agiez en toz poinz, mès on
les doit bien gardier qu'il ne soient déceuz[2]. » Cette
idée est développée ensuite tout au long en plusieurs
passages, dont je ne citerai que celui-ci : « Tu me de-
mandes molt très-bien se uns soz-aagiez avait fet aucun
marchié là où ses preuz (profit) fust tot apertement et
après demandast restablissement par sa volenté, aurait
le il? Et certes nenil car lois et usage ne prent pas
garde tant à lor volenté à faire come à leur preu, et à
garder les qu'il ne soient déceu.....[3]. » — Beaumanoir
professe la même doctrine : « Se cil qui est sous-aagé,
dit-il, vent aucune coze et jure à la vente garantir ou
baille plèges (caution), et après, quant il est en aage il
veut debatre le vente ou le marcié qu'il fist, porcequ'il
estoit sous-aagiés : nous ne noz accordons pas que li
marciés soit nus, s'il estoit de douze ans ou de plus,
quand il fist le serement; car de tel aage pot on bien
jurer. Et s'il ne fist point de serement... on doit moult
regarder le manière du marcié comment il fut fes: et
s'on voit qu'*il fust fes sans fraude et sans malice, por le*

[1] Le Conseil de Pierre de Fontaines, chap. 15, n° 35, p. 132-133,
éd. Marnier.

[2] Le Conseil de Pierre de Fontaines, chap. 14, n° 11. p. 85.

[3] De Fontaines, chap. 14, n° 24, p. 101. — Voy. aussi le chap. 14,
n° 10, p. 90, 91, où il faut lire : « Quant un enfès qui a meins de
XV ans... » comme le porte le manuscrit fonds Harlay, n° 432, qui
date du treizième siècle (1280-1300), puisque c'est à quinze ans que
Pierre de Fontaines fait finir le *sous-aage*.

porfit du sous-aagié ou *pour se grant nécessité, on doit fere le marcié tenir et aquiter les pleges*[1]. » Si nous ouvrons le *Livre de Jostice et de Plet*, c'est encore la restitution qui s'offre à nous comme le seul moyen donné au sous-âgé contre les actes passés par lui : « Se cil qui n'est pas de âge, y lit-on, *est déceuz an son fet*, ou à fet son tutor, l'en le doit restablir arrières, aagé ou il non aagé : fors en ce s'il fet ce que prodome et sage doit fere, et son tutor ausit, il ne sera mie en ce restabliz[2]; » et ailleurs : « L'en dit que l'en doit regarder la chose où il demende restablissement, se il i est conchiez (lésé); et s'il fet ce que sages hom fet, il ne doit pas estre restabliz[3]. » — La restitution devait être demandée d'ailleurs dans l'*an et jour* de la majorité[4].

28. Ces principes durent être reçus également au quatorzième siècle, où plus que jamais le droit romain fut en faveur, où Bouteillier appelait *droict haineux* les Coutumes dont les dispositions étaient contraires à celles des Pandectes ou du Code. Et, en effet, le même auteur, au titre 92 de la *Somme rurale*[5], assimile les

---

[1] Beaumanoir, *Coutumes de Beauvoisis*, chap. XVI, nᵒ 8, I, p. 266-267, éd. Beugnot. (Voy. encore chap. XV, nᵒ 22, I, p. 256 ; chap. XV, nᵒ 33; I, p. 262-263; chap. XVI, nᵒ 14, I, p. 268).

[2] *Li Livres de Jostice et de Plet*, liv. 3, chap. 5, § 7, p. 111, éd. Rapetti.

[3] *Li Livres de Jostice et de Plet*, liv. 3, chap. 9, § 1, p. 117.

[4] *Livres de Jostice et de Plet*, liv. 3, chap. 4, § 1, p. 108 ; chap. 9, § 4, p. 118. — Beaumanoir, chap. XVI, nᵒ 4, I, p. 265. — Coutumier d'Artois, XXVIII, 25. -- Grant Coutumier de Normandie, chap. 33 (*Cout. génér.*, IV, p. 16). — Établissements et Coutumes de Normandie au treizième siècle, p. 64, éd. Marnier, Paris 1839. — Cf. Loisel, *Institutes coutumières*, reg. 714.

[5] « Pupilles sont ceux qui sont en minorité si comme les hoirs masles qui sont dessous 15 ans et la femelle dessous 14 ans et selon droict écrit dessous 25 ans. »

pupilles aux mineurs de **XXV** ans du droit romain : comme le dit Charondas, « *il confond pupilles avec les autres mineurs que le droit romain distingue.* »

29. Mais la même influence du droit romain tendait à faire reculer l'âge de la pleine capacité jusqu'à **25** ans, et à faire étendre ainsi à ceux qui avaient plus de **14** ou **12** ans le bénéfice de la restitution en entier. Les *anciennes Constitutions du Châtelet de Paris,* qui appartiennent au commencement du quatorzième siècle, ou même à la fin du treizième, suivant M. Laferrière [1], prouvent qu'alors déjà on donnait des curateurs aux enfants âgés de plus de **14** ans et de moins de **25** ans : « Si vous volez savoir, est-il dit en l'article **72**, quel différence il y a entre. Tuteur et Curateur, vous povez respondre ensi Tuteur si est entendu quand on garde enfans au dessouz de **14** ans. Curateur est entendu quand on garde enfans au dessus de **14** ans ausdessus ditz, c'est assavoir jusques à **25** ans ou plus [2]. » — La très-ancienne Coustume de Bretagne (1330), tout en fixant à **14** et à **12** ans l'âge de la majorité, dit qu'à cet âge la Cour pourvoira l'enfant de curateur, jusqu'à ce qu'il ait *vingt ans.* Il est surtout intéressant de remarquer l'opposition qui est faite par cette Coutume entre le *droit* (droit romain, droit commun), et la *Coutume...* « Est assavoir que nul mineur ne peut contracter ne negocer sans le conseil de son Pasteur, jusqu'à tant qu'il ait *25 ans* passez *par droit.* Mais *par la Coutume,* puis qu'il a *20 ans* passez il est hors de tutelle et de

[1] Laferrière, *Histoire du droit français*, VI, p. 325-327.
[2] Anciennes Const. du Châtelet de Paris, publiées par Laurière, dans *Texte des Coustumes de la Prévosté de Paris.* Paris 1777, art. 72. III. p. 267. — Voy. aussi art. 82. III p. 276 277.

curatelle [1]. » Le *droit* paraît même quelquefois l'emporter : ainsi l'art. 84, sous la rubrique « *Comment mineurs et gens qui sont en pouvoir d'autruy peuvent contracter et negocier,* » porte : « Homme ou femme qui sont sous l'âge de 25 ans sont mineurs... ne peuvent contracter ne negocier ò nul ne ò nulle qui tienge ne qui soit de nulle value... sans l'autorité de ceux en qui povoir ils sont [2]. » Cette dernière partie du texte se rapporte très-probablement à la restitution en entier, car nous lisons dans l'art. 73 : « Quans le mineur veut rappeler son obligement (vel son blecement) ou l'erreur de son tuteur ou de son curateur, il eschet que le mineur se plege, *en disant qu'il a esté déçeu* [3]. » — On le voit, l'âge de 25 ans commence à se faire jour, et cherche à détrôner la majorité de 14 ou 12 ans [4] : nous allons montrer que peu à peu il y réussit.

30. Au quinzième et dans la première moitié du seizième siècle, nous rencontrons encore de nombreuses Coutumes qui regardent comme pleinement capables les enfants de 14 ans ou de 12 ans, suivant

---

[1] La très-ancienne Coust. de Bretaigne, art. 79 (*Coutumier génér.*, IV, p. 220). Cf. aussi l'art. 71 : « ... *Selon droit,* il a quatre ans à se adviser de rappeler la *decepte,* après que son âge est approuvé et *de coutume,* il a ung an et ung jour, et non plus » (*Cout. gén.*, IV, p. 219).

[2] Art. 84 (*Cout. gén.*, IV, p. 221).

[3] Art. 73 (*Cout. gén.*, IV, p. 219). Cf. aussi l'art. 71, *supra cit.*

[4] Aux documents que nous avons cités, il faut joindre l'art. 158 de la très-ancienne Coutume de Bourges et Berry (1350), lequel porte : « Tuteur est donné aux corps et aux biens, et curateur est donné aux biens seulement ; ne le pupille ne peut de raison *aulcune chose vendre,* sans l'auctorité de son curateur, laquelle cure dure jusques il a passé 25 *ans* » (*Cout. gén.*, III, p. 897).

les sexes [1], mais dont quelques-unes déjà accordent la restitution en entier jusqu'à 25 ans [2]. Ce sont, dans le ressort du Parlement de Paris, *au Nord :*

L'*ancienne* Coutume de Péronne de 1507. Somm. *Auquel temps enfans sont aagez* (Cout. gén., II. p. 620).

L'*ancienne* Coutume de Chaulny de 1510, tit. 25, art. 137 (Cout. gén., II, p. 675) et même la *nouvelle* de 1609, tit. 25, art. 134 (II, p. 690).

L'*ancienne* Coutume de Laon du *quinzième siècle,* 4e partie, chap. 4, art. 23 (Cout. gén., II, p. 452).

Au Centre et au Sud :

L'*ancienne* Coutume d'Orléans de 1507, art. 162 et 165 (Cout. gén., III, p. 746).

L'*ancienne* Coutume de Nivernais, qui fut en vigueur *jusqu'en* 1534 (voy. nouvelle Cout., art 5 et 8. Guy Coquille, II, p. 286, 287).

L'*ancienne* Coutume de Bourbonnais de 1494 (voy. nouvelle Cout., art. 173. *Cout. g nér.*, III, p. 1244).

L'*ancienne* Coutume d'Auvergne suivie *jusqu'en* 1510 (voy. nouvelle Cout., chap. 13, n° 1. *Cout. génér.*, IV, p. 1186).

---

[1] Par contre, plusieurs Coutumes exigeaient déjà l'âge de *25 ans* pour les aliénations immobilières ou même pour les autres actes. Ainsi la Coutume du Grand Perche (1505) ne donne que l'administration des biens à *20 ans*, et *16 ans;* la vente et le contrat sont interdits jusqu'à *25 ans* (art. 1, 4, tit. De la Garde des Mineurs. *Cout. gén.*, III, p. 636-637). Les Coutumes d'Auxerre, 1507, (art. 218. *Cout. gén.*, III, p. 581), et de Sens, 1506 (art. 147. *Cout. gén.*, III, p. 495), fixent d'une manière générale la majorité à *25 ans.* — De même la Coutume de Berry de 1539 (tit. 1, art. 1, n° 4. *Cout. gén.*, III, p. 935).

[2] Voy. Péronne (ancienne), *Cout. gén.*, II, p. 620 Arg. Bourbonnais (nouvelle). *Cout. gén.*, III, p. 1244.

La Coutume de la Haute-Marche de 1521, chap. 12, art. 74 et 83 (*Cout. génér.*, IV, p. 1106 et 1107).

La Coutume de Loudunois de 1518, chap. 34, art. 1 (*Cout. géner.*, IV, p. 735).

L'*ancienne* Coutume de Touraine de 1507, chap. 32, art. 1 (*Cout. génér.*, IV, p. 619).

Dans le ressort du Parlement de Dijon :

La Coutume du duché de Bourgogne de 1459, chap. 6, art. 6; cf. art. 3 et 4 (*Cout. génér.*, II, p. 1174).

Cet âge de *14 ans* et de *12 ans* se retrouve aussi, avec quelques légères modifications, dans les Coutumes du Nord-Est de la France.

Les Coutumes de Douay et Orchies *antérieures à* 1628 (art. 3. *Cout. génér.*, II, p. 978), l'*ancienne* d'Artois de 1509, art. 105 (*Cout. génér.*, I, p. 250), et celle de Montrœul-sur-Mer de 1507, art. 14 (*Cout. génér.*, I, p. 139) adoptent pour la majorité les termes de *14* et *11 ans*.

Les Coutumes de Ponthieu 1495, tit. 2, art. 58 (*Cout. génér.*, I, p. 89) et de Boulenois (*ancienne*, 1493) art. 65 (*Cout. génér.*, I, p. 33) font cesser l'incapacité à *15* et *11 ans*.

Enfin, l'*ancienne* Coutume d'Amiens de 1507 tient pour *âgé et habile à demener ses causes et besongnes* un fils incontinent qu'il a atteint l'âge de 15 ans complets et une fille à 12 ans complets (art. 46. *Cout. génér.*, I, p. 126). — C'est à cet âge aussi que la majorité avait été fixée à Lille par une Ordonnance de Philippe-le-Hardi de 1388, abrogée en 1406 par son fils Jean-sans-Peur[1].

---

[1] Voy. cette dernière ordonnance dans *Franchises, Lois et Coutumes de la Ville de Lille*, publiées par Brun Lavainne. Paris 1842. Appendice, p. 438. — Cf. aussi même ouvrage, p. 81, n° 2 (Roisin).

31. Mais le vent de la réforme soufflait déjà [1], — partout on reconnaissait l'insuffisance de la protection accordée aux enfants, par suite de leur trop précoce capacité. Voyez, par exemple, la vieille Coutume d'Amiens de 1507 ; elle se fait l'écho de doléances probablement générales. « Combien que ladite Coutume, disent les rédacteurs, ait été gardée et observée au dit Bailliage de si grand temps qu'il n'est mémoire du contraire ne de commencement.... néanmoins *peut sembler à correction* que l'âge de 15 ans pour les enfants masles et 12 ans pour les femelles.... est trop bas âge etc. [2] » - Ces plaintes étaient trop légitimes pour qu'on pût négliger d'y faire droit. — Aussi toutes celles d'entre les Coutumes que nous venons d'indiquer, qui ont été l'objet d'une nouvelle rédaction, toutes, à l'exception de la Coutume de Chaulny, ont reculé l'âge de la capacité du mineur.

Dès 1510, la Coutume d'Auvergne (chap. 13, art. 1-3. *Cout. génér.*, IV, p. 1168), la Coutume de Nivernais en 1534, et celle d'Orléans en 1583 (tit. 9, art. 182) fixèrent la majorité à *25 ans*.

Sans aller aussi loin, la plupart des autres Coutumes par nous citées ne permirent pas au mineur de *25 ans* d'aliéner ses immeubles, sans l'autorisation d'un curateur et les solennités prescrites dans l'intérêt des pupilles. C'est ce que décident les Coutumes de Boulenois, 1550, (art. 119. *Cout. génér.*, I, p. 57), de Touraine, 1559,

[1] L'influence du droit canonique ne fut pas étrangère à ce mouvement : Ainsi la Cout. de Bourges de 1350 atteste que le fils qui était reçu plaidant en la Cour Laye, à quatorze ans, ne pouvait l'être *en la Court de l'Eglise*. jusques à *25 ans passés* (Cout. de Bourges, art. 47, 71. *Cout. gén.*, III, p. 880-882).

[2] Ancienne Coutume d'Amiens, art. 46 (*Cout. gén.*, I, p. 126).

(art. 351. *Cout. génér.*, IV, p. 673), de Péronne, 1567, (art. 233. *Cout. génér.*, II, p. 639), d'Amiens, 1567, (art. 135. *Cout. génér.*, I, p. 180-181 [1]).

La Coutume d'Artois, 1544, (art. 154. *Cout. génér.*, II, p. 271) n'exigea que *20* et *16 ans* pour que le mineur pût vendre ses immeubles, et les Coutumes de Lille, 1533, (chap. IV, art. 1. *Cout. génér.*, II, p. 938) et de Douay, 1627, (chap. 7, art. 1. *Cout. génér.*, II, p. 987) tinrent les enfants pour *eagez*, la première à *18* et *15 ans*, celle-ci à *20 ans* et *18 ans ;* mais en certains cas elle semblent aussi n'avoir fait finir la minorité qu'à *25 ans* (voy. Cout. de Lille, chap. IV, art. 4. Cout. de Douay, chap. VII, art. 3).

32. Mais qu'était devenue, dans les Coutumes que nous venons de voir retarder, la plupart jusqu'à *25 ans*, le moment où l'enfant devient libre de disposer de ses immeubles, qu'était devenue la capacité du mineur quant aux actes autres que l'aliénation immobilière ? D'abord je crois que jusqu'à *25 ans* il ne put ester à droit sans *l'authorité d'un curateur ad lites*, pourvu que le procès fût de quelque importance : c'est ce que voulait déjà l'ancienne Coutume d'Orléans de 1509 (art. 165. *Cout. génér.*, III, p. 746), et c'est ce qui plus tard fut constamment reconnu par les auteurs[2]. — Quant aux autres actes, l'âge de *14* et de *12 ans* fit place à celui de *20* et *16 ans* dans la nouvelle Coutume de

[1] Comme nous l'avons vu, c'était déjà la disposition de l'ancienne Coutume de Bourges et Berry (art. 158).

[2] Bourdot de Richebourg, sur Ponthieu, art. 58, tit. 2 (*Cout. gén.*, I, p. 89, note). — Thaumas de la Thaumassière. *Anciennes et nouv. Cout. de Berry*. p. 556. Bourges 1679. — Dillange. *Comment. sur la Coutume de Metz*. tit. 1, art. 5, p. 7. Metz 1730 etc.

Bourbonnais, 1521, (art. 173[1]), de *20 ans* dans les Coutumes de Péronne, 1567, (art. 233) et d'Amiens, 1567, (art. 135). Mais ce qui est surtout fort important à noter, c'est que même après cet âge et jusqu'à celui de *25 ans,* les Coutumes de Bourbonnais et de Péronne accordent la restitution en entier contre les conventions qui seraient *dommageables et préjudiciables.* — C'était là une idée toute romaine qui allait trouver bientôt de nombreux partisans, d'ardents défenseurs, à la tête desquels il faut placer Charles Dumoulin. Dans ses notes sur les Coutumes de France, chaque fois qu'il rencontre une disposition faisant arriver la majorité avant 25 ans, il ne manque pas d'ajouter: *salva in integrum restitutione.* Ainsi Boulenois (art 119) n'exigeant l'âge de 25 ans que pour les aliénations d'immeubles et se contentant de 14 et 12 ans quant aux autres contrats, Dumoulin permet de revenir contre ces derniers, si, passés avant 25 ans, ils sont préjudiciables au mineur[2]. De même il n'admet pas que la capacité de disposer des immeubles, que la Coutume d'Artois reconnaît à celui qui est âgé de 20 ou de 16 ans, soit absolue, et qu'il ne faille pas sous-entendre le bénéfice de la restitution en entier[3]. Et ainsi en de nombreuses notes[4]. Cette opinion de Dumoulin fut bientôt en grand crédit auprès des auteurs, et même devant les Parlements. — Choppin remarque, sur la Coutume d'Anjou

---

[1] *Coutumier général.* III, p. 1244.

[2] Dumoulin, *Notæ solennes ad consuetudines Gallicas,* sur Boulenois. art. 120 (*Opera omnia*, II, p. 711. Paris 1681).

[3] Dumoulin, sur Artois, art. 154 (*Opera omnia*, II, p. 712).

[4] Dumoulin, sur Anjou, art. 444, II, p. 727; sur Maine, art. 455, II, p. 731; sur Dreux, art. 54; sur Lille, chap. 4, art. 37, II, p. 718, sur Blois, art. 2, II, p. 734 etc.

de 1508, qui, comme celle du Maine (art. 455. *Cout. génér.*, IV, p. 512), permettait (art. 444. *Cout. génér.*, IV, p. 576) l'aliénation des immeubles à 20 ans et les autres actes à 14:... « L'aliénation est cassée par le bénéfice de l'aage toutes et quantes fois que le majeur de 20 ans a esté *surpris et circonvenu* ou qu'il y a déception d'oultre moitié du juste prix [1], » et il cite des arrêts qui ont restitué pour lésion le majeur de 20 ans, mineur de 25 : ce qui devint bientôt de jurisprudence constante [2]. Il est vrai que cela avait commencé par faire difficulté, et Charondas le Caron regrette encore que des arrêts aient cru devoir juger contrairement à l'opinion de Dumoulin. Il indique pour le Maine et l'Anjou un arrêt du 17 mai 1561, et deux arrêts, l'un du 15 février 1602, l'autre du 14 janvier 1603, qui avaient décidé que dans la Coutume d'Amiens l'on était à 20 ans pleinement capable de faire tous actes autres que les aliénations immobilières. Mais voici ce qu'il s'empresse d'ajouter : « S'il n'estait l'authorité desdit Arrets, je n'estimerais qu'une Coustume eut pouvoir de faire l'aage de majorité moindre de 25 ans contre l'ordre et droict commun de nature [3] ». Il avait dit un peu plus haut : « Encores que par aucunes

[1] René Choppin, sur Anjou, liv. 3, tit. 5, n° 14, p. 258 (*Œuvres*, t. III. Paris 1635). — Voy. aussi liv. 4, art. 80, p. 325, art. 40, p. 184.

[2] C'est ce qu'attestent Brodeau sur Anjou, art. 444 (*Cout. gén.*, IV, p. 576, note *e*), sur Maine, art. 455 (*Cout. gén.*, IV, p. 512, note *e*), et Du Pineau, *Observations, questions et responses sur aucuns articles de la Cout. d'Anjou*, sur art. 444, p. 409 et suiv. Angers, 1646. — Voy. aussi *Journal des Audiences*, t. III, p. 910 (Arrêt du 8 août 1684).

[3] Charondas le Caron, *Pandectes ou décisions du droit français*, liv. II, chap. 40, p. 399. Paris 1607.

Coustumes les hommes pour certains actes et les femmes pareillement comme pour faire foy et hommage soient reputez majeurs devant l'aage de 25 ans, si est-ce que tels ne sont censez generalement pour tous autres actes. » Ainsi c'est l'autorité de la jurisprudence qui seule arrête Charondas; donc dans toutes les Coutumes pour lesquelles une pareille jurisprudence n'existe pas, il veut que le mineur de 25 ans soit restitué; en même temps, il fait voir qu'il est loin d'approuver la doctrine des arrêts qu'il rapporte. Le Parlement de Paris lui-même ne persévéra pas dans cette doctrine; nous l'avons vu déjà pour les Coutumes de Maine et d'Anjou, et quant à celle d'Amiens, un arrêt du 14 août 1725 admit la restitution en entier contre les actes faits par un majeur de 20 ans[1]. En 1716, il eut même l'occasion de faire une application solennelle de ces principes à la Coutume d'Artois. Le Conseil de la province avait jugé que la majorité établie par la Coutume donnait une pleine capacité: le Parlement de Paris, saisi de l'affaire sur appel, infirma cette décision, par arrêt du 13 juillet 1716[2], et il maintint depuis sa jurisprudence dans des arrêts du 17 août 1730 et du 1er avril 1740.

Les mêmes principes prévalaient devant les autres Parlements : Brodeau, par exemple, nous apprend que

[1] Denizart, *Collection de décisions nouvelles*, v° *Majeur*, n° 14, t. III, p. 185. Paris 1773.

[2] Cet arrêt reçut même la sanction de l'autorité royale. Les États d'Artois s'étant pourvus en Conseil du roi contre la décision du Parlement, qui avait causé un vif émoi dans toute la province, leurs doléances ne furent pas écoutées, et l'arrêt maintenu. Voy. Denizart, *loc. cit.* — L'arrêt et la sentence du Conseil d'Artois qu'il a infirmé, sont reproduits à la fin du *Traité des tutelles et curatelles*, de Meslé. Paris 1752, p. 727 et suiv

celui de Metz a toujours regardé la majorité de 20 ans de la Coutume de Lorraine comme une sorte d'émancipation ne faisant pas obstacle à la restitution en entier contre les actes et contrats passés par les mineurs de 25 ans[1].

Il n'y eut que le Parlement de Rouen qui se singularisa en cette matière: dans l'art. 38 des *Placités* qu'il donna le 6 avril 1666, il déclara expressément que « toute personne née en Normandie, soit masle ou femelle, est censée majeure à *20 ans accomplis*, et peut, après ledit âge, vendre et hypothéquer ses biens meubles *sans espérance de restitution*, sinon pour les causes pour lesquelles les majeurs peuvent estre restitués[2]. »

Parmi les auteurs, d'Argentré, qui se piquait toujours d'honneur de penser autrement que son rival de gloire, Dumoulin, resta à peu près seul de son avis[3] quand il soutint que la majorité qui, par la Coutume de Bretagne de 1539, arrivait à 20 ans, était une majorité parfaite[4]. Et il put s'écrier de dépit : « *Qui vigesimo anno non sapit, vix sapiet vigesimo quinto !* » quand, en 1580, lors de la nouvelle révision de la Coutume, on s'empressa de reculer jusqu'à 25 ans la fin de la minorité[5].

[1] Brodeau sur Lorraine, tit. IV, art. 12 (*Cout. gén.*, II, p. 1103, note).

[2] *Cout. gén.*, IV, p. 155-156.

[3] Pierre Touraille, par exemple, déclare, sur la Coutume d'Anjou, que les notes de Dumoulin *font loi*, et que le majeur de majorité coutumière ne contracte jamais que *sub spe restitutionis*. Paris 1639.

[4] D'Argentré, *Commentaire sur l'ancienne Coutume*, art. 457, glose 1, nos 3 et suiv Rennes 1568.

[5] Nouvelle Coutume de Bretagne, art. 483 (*Cout. gén.*, IV, p. 392).

76

32. C'est ainsi que les Coutumes favorisaient la doctrine des auteurs, la jurisprudence des Parlements. A la fin du seizième siècle et au commencement du dix-septième, beaucoup d'entre elles n'admettaient plus d'autre terme que l'âge de 25 *ans*, et quant aux actes de disposition, et même quant aux actes d'administration. Outre les Coutumes d'Auvergne, de Nivernais, d'Orléans, de Bretagne, que nous avons déjà citées, nous mentionnerons celles de Reims, 1556, (art. 15. *Cout. génér.*, II, p. 494), de Melun, 1560, (art. 295. *Cout. génér.*, III, p. 454), de Bar, 1579, art. 74. *Cout. génér.*, II, p. 1023), les nouvelles de Sens, 1555, (art. 159, III, p. 548) et d'Auxerre, 1561, (art. 256. *Cout. génér.*, III, p. 609), les Coutumes de Sédan, 1568, (art. 140. *Cout. génér.*, II, p. 827), de Cambray, 1574, (tit. 6, art. 5. *Cout. génér.*, II, p. 288) et de la Gorgue, 1627, (art 144. *Cout. génér.*, II, p. 1012). Toutes ces coutumes fixent la majorité à 25 ans.

33. Il arriva de la sorte qu'au dix-huitième siècle l'âge légal, l'âge de droit commun, fut de 25 ans par toute la France coutumière, la Normandie exceptée; c'est un point d'histoire à l'abri de toute espèce de doute. « Les mineurs de *vingt-cinq ans*, dit Pothier, sont sous la puissance paternelle ou sous la puissance de leurs tuteurs[1]. » Et ailleurs : « On appelle *mineurs* ceux qui n'ont point encore accompli leur vingt-cinquième année[2]. » Ceci est conforme aussi au témoignage

---

[1] Pothier, *Traité des personnes*, tit. V, t. XIII, p. 428, éd. Siffrein.
[2] Pothier, *Traité de la procédure civile*, chap. 4, art. 2, § 1, t. XIV, p. 392. — Voy. aussi *Introduction au tit. IX de la Coutume d'Orléans*, n° 22, t. XV, p. 387.

de tous les anciens auteurs[1]. Sans doute, un certain nombre de Coutumes faisaient encore cesser la minorité au-dessous de 25 ans ou n'exigeaient expressément cet âge que pour les ventes et impignorations d'immeubles. Mais ces *majorités coutumières*, comme on les appelait, n'étaient plus autre chose que de véritables *émancipations;* le majeur coutumier était un *mineur émancipé*. Les jurisconsultes des deux derniers siècles s'en sont expliqués dans les termes les plus précis. — « Cette minorité coutumière de 20 ans, dit Brodeau sur la Coutume de Lorraine, ne produit que l'effet de l'*émancipation*, en sorte que la lésion se rencontrant aux actes et contracts passez par mineurs de 25 ans, le bénéfice de restitution a lieu[2]. » Maillart remarque sur la Coutume d'Artois : « Encore qu'elle dise que le mâle ayant 20 ans complets et la femelle 16, aussi bien que les jeunes gens mariez avant ces âges[3], peuvent aliéner leurs héritages sans décret du juge et sans autorité du curateur, néanmoins cela n'opère pas plus qu'une *émancipation*[4]. » Denizart, de même, désigne la majorité coutumière par l'expression d'*émancipation légale,*

[1] Voy. Claude Fleury, *Institution au droit français*, I, p. 238, éd. Laboulaye et Dareste. Paris 1858. — Argou, *Institut. au droit français*, liv. I, chap. VIII, t. I, p. 64, 10e éd. Paris 1771. — Meslé, *Traité des tutelles et curatelles*, chap. 10, n° 7, p. 271-272. — Prévost de la Jannès, *Les principes de la jurisprudence française,* n° 12, t. I, p. 18. Paris 1759 etc.

[2] *Cout. gén.*, II, p. 1103, note.

[3] L'émancipation par mariage était de droit commun dans les pays coutumiers. Voy. Denizart, v° *Emancipation,* § V, n° 1, t. VII, p. 500. Paris 1788.

[4] Maillart, *Coutumes générales d'Artois*, sur art. 72. Paris 1756.

et il en traite au mot *émancipation*[1]. On peut dire la même chose de Merlin[2].

34. Les effets de cette émancipation étaient seulement plus ou moins étendus, suivant les Coutumes. Dans celles qui, comme la Coutume du duché de Bourgogne, 1459 (chap. 6, art. 3, 4, 6. *Cout. génér.*, II, p. 1174), de Vermandois et Laon, 1556 (art 256. *Cout. génér.*, II, p. 472), de Chauny, 1609 (tit. 25, art. 137. *Cout. génér.*, II, p. 675), de Loudunois, 1518 (chap. 34, art. 1. *Cout. génér.*, IV, p. 735), de la Marche, 1521 (chap. 12, art. 74, 83. *Cout. génér.*, IV, p. 1106, 1107), avaient conservé purement et simplement l'ancienne majorité de *14 et 12 ans*, ou comme celles de Bourbonnais, 1521, (art. 173. *Cout. génér.*, III, p. 1244), de Douay, 1627 (chap. 7, art. 1. *Cout. génér.*, II, p. 987), de Lorraine, 1594 (tit. 4, art. 13. *Cout. génér.*, II, p. 1103) etc., s'étaient contentées de l'élever, notamment à *20 ans* pour les mâles, et à *16, 18 ou 20 ans* pour les filles, dans toutes ces Coutumes on décidait que l'aliénation immobilière faite par le majeur coutumier au-dessous de l'âge de 25 ans, sans l'autorisation d'un curateur, le décret du juge et les autres formes prescrites au tuteur, était frappée de nullité. (Il va sans dire qu'il en était de même dans les Coutumes qui disposaient formellement que le mineur ne pouvait aliéner ses immeubles avant 25 ans[3].) Dumoulin voulait, en effet, que chaque fois

[1] Denizart, v° *Émancipation*. § V, n° 2, t. VII, p. 502. Paris 1788. Voy. aussi l'*Encyclopédie générale*, v° *Majorité*.

[2] Merlin, Répertoire, v° *Émancipation*, n° 2. — *Adde* Meslé, *op. cit.*, chap. X, n° 13. p. 283.

[3] Voy. les Coutumes citées *supra*, n° 34, et de plus : Coutumes

en puissance de tuteur sont déclarés *du tout nuls et de nul effet et valeur*[1]. Ainsi la distinction était clairement marquée : jusqu'à 14 et 12 ans, le mineur avait un tuteur, et tous actes qu'il faisait seul étaient nuls ; à partir de cet âge jusqu'à 25 ans, on lui nommait un curateur, qui administrait les biens et dont l'assistance était requise à peine de nullité pour les aliénations immobilières : tous autres contrats faits sans son consentement n'étaient que rescindables pour lésion.

38. Tel était alors le droit dans les Coutumes qui ne reconnaissaient une pleine capacité qu'à 25 ans, et tel il fut encore au seizième siècle ; car les Coutumes de Nivernais, 1534[2] ; de Berry, 1539[3] ; de Bretagne, 1580[4] ; d'Orléans, 1580[5] etc., font cesser la tutelle à 14 et 12 ans, pour placer le mineur sous l'autorité d'un curateur jusqu'à 25. Mais à cette époque surgit la règle : « *Tutelle et curatelle n'est qu'un*, » suivant laquelle le tuteur devait continuer ses fonctions tant que le mineur n'avait pas parfait sa vingt-cinquième année. Elle fut écrite dans la Coutume de Lorris[6] et de Montargis, 1531[7] ; dans

---

[1] Cout. de Berry, tit. 1, art. 1, nᵒˢ 16 et 17 (*Cout. génér.*, III, p. 936).

[2] Cout. de Nivernais, chap. XXX, art. 5 et 8 (*Cout. génér.*, III, p. 1153).

[3] Cout. de Berry, tit. 1, art. 1, nᵒ 14 (*Cout. génér.*, III, p. 936).

[4] Coutume de Bretagne, *nouvelle*, art. 483, 515 et 516 (*Cout. génér.*, IV, p. 392 et 394). — Cf. *Cout. réformée* de 1539, art. 461, 492 et 508 (*Cout. génér.*, IV, p. 317, 318 et 319).

[5] Coutume d'Orléans, art. 182 (*Cout. génér.*, III, p. 789).

[6] L'ancienne Coutume de Lorris de 1494 que Thaumas de la Thaumassière a publiée dans son ouvrage : *Les anciennes et nouvelles Coutumes de Berry et celles de Lorris commentées* (Bourges 1679) ne contenait pas encore cette règle, quoi qu'en ait dit Meslé (p. 13), qui a confondu cette Coutume avec la nouvelle de 1531.

[7] Coutumes de Lorris et Montargis, chap. VII, art 7 (*Cout. génér.*, III, p. 842).

les Coutumes d'Auxerre, 1561 [1], et de Cambray, 1574 [2].
Dumoulin la pose en ces termes : « Non facimus diffe-
rentiam inter tutelam et curam, sed durat tutela semel
suscepta usque ad vigesimum quintum annum [3] ; »
depuis elle fut admise par tous les auteurs [4] et consa-
crée pour la Bretagne par l'art. 23 de l'Édit de décembre 1732 [5]. La conséquence en fut que toute distinction
disparut entre les personnes âgées de moins de 25 ans
dans les Coutumes qui fixaient la majorité à cet âge,
toutes ces personnes étant également pourvues de tuteurs.

39. Mais il n'en fut pas de même sous l'empire des Coutumes à majorités coutumières : ici nous retrouvons presque sauve la distinction des *pupilli* et des *minores XXV
annis*, au point de vue du sort des actes passés par les
mineurs. Comme nous l'avons vu plus haut, la doctrine,
aidée par quelques Coutumes, avait cherché et était parvenue à faire assimiler les majeurs coutumiers aux mineurs de 25 ans du droit romain : comme ces derniers,
ils eurent besoin d'un curateur pour pouvoir aliéner
leurs immeubles, et on leur donna la restitution en entier
contre les autres obligations qu'ils contractaient, même
contre celles relatives à l'administration qui leur était
consentie, au lieu d'appartenir, comme à Rome, à un

---

[1] Coutume d'Auxerre, art. 259 (*Cout. génér.*, p. 609).

[2] Coutume de Cambray, tit. 6, art. 5 (*Cout. génér.*, II, p. 289).

[3] Dumoulin, *Tractatus contract. usurarum*, quæstio 39, n° 300, II, p. 124. Paris 1681.

[4] Guy Coquille, *sur Nivernais*, chap. 30, art. 5, II, p. 286. — Loisel a donné place à cette règle dans ses *Institutes coutumières*, n° 180, I, p. 209, éd. Dupin et Laboulaye.

[5] Cet Édit se trouve à la suite du *Traité des tutelles et curatelles de Meslé*, p. 756 et suiv.

curateur. Cela étant, on ne pouvait pas ne pas mettre
ceux qui étaient au-dessous de l'âge de la majorité coutumière sur la même ligne que les *pupilli* de la législation
romaine: forcément et logiquement on devait déclarer
nuls les engagements pris par eux sans l'assistance de
leur tuteur. Et c'est en effet ce qui eut lieu. Ainsi la Coutume de Bourbonnais de 1521 dispose en termes exprès
que « *contracts de vendition, donation, quittance ou* AU-
TRES... NE VALENT » quand ils sont faits par *enfans en la
puissance de tuteurs ou curateurs* [1], c'est-à-dire par ceux
qui n'ont pas encore atteint la majorité coutumière de
20 et 16 ans, au lieu qu'elle ne relève le majeur coutumier, mineur de 25 ans, que s'il est *blecé* ou *souffre
dommage* [2]. La même opposition apparaît clairement
dans la Coutume de Péronne de 1507 [3]. La Coutume
de Gorze [4], celles de Lorraine [5], d'Épinal [6], pour ne citer que celles-là, frappent de nullité toute obligation de
l'enfant non encore majeur coutumier, tout contrat, disent les Coutumes de Lorraine et d'Épinal à l'exemple
du droit romain, *d'où sa condition puisse être faite moindre*. Et la même nullité résulte implicitement de celles
des Coutumes qui ne s'en sont pas expliquées d'une
manière formelle: il suffit de voir en quels termes elles
caractérisent le passage de la minorité à la majorité

[1] Coutume de Bourbonnais (1521), art. 171 (*Cout. génér.*, III,
p. 1244).

[2] Coutume de Bourbonnais, art. 173 (*Cout. génér.*, III, p. 1244).

[3] Coutume de Péronne, sommaire: *Auquel temps enfants sont
aagez* (*Cout. génér.*, II, p. 620).

[4] Coutume de Gorze (1624), tit. 1, art. 1, n° 16 (*Cout. génér.*, II,
p. 1074).

[5] Coutume de Lorraine, tit. 4, art. 13 (*Cout. génér.*, II, p 1103).

[6] Coutume d'Épinal, tit. 3, art. 10 (*Cout. génér.*, II, p. 1431).

coutumière. Mais cette distinction si nette entre les pupilles dont tous les engagements sont déclarés nuls, et les majeurs coutumiers dont les contrats sont rescindables pour lésion, alla en s'effaçant quand au dix-huitième siècle la majorité coutumière ne fut plus autre chose qu'une émancipation. Alors les actes d'administration et de disposition des meubles furent permis aux majeurs coutumiers sans espoir de restitution, et, quant aux autres actes faits par eux, comme quant à tous ceux passés par les enfants *sous-aagés* d'après la Coutume, on devait appliquer les principes, les règles qui déterminaient la capacité du *mineur* dans les Coutumes où l'âge de la majorité était fixé à 25 ans.

40. Quels furent ces principes, quelles furent ces règles, voilà ce qu'il nous reste à rechercher. — La maxime : *Tuteur et curateur n'est qu'un*, ayant dans ces Coutumes prorogé la tutelle jusqu'à 25 ans, tous les mineurs se trouvant maintenant en puissance de tuteur, tous aussi devaient être traités en *pupilles :* les actes faits par eux au-dessus comme ceux faits au-dessous de l'âge de 14 ou 12 ans devaient être également frappés de nullité. Ce n'étaient plus les textes relatifs aux *minores viginti quinque annis* que devaient invoquer les auteurs qui attachaient toujours une si grande importance aux décisions du droit romain; c'étaient ceux ayant trait aux *pupilli*, puisque tous les mineurs rentraient désormais dans cette dernière catégorie. Et les Coutumes se prêtaient on ne peut mieux à l'établissement de ce système : si elles ne prononçaient pas expressément la nullité des contrats passés en minorité, elles admettaient du moins l'incapacité du mineur, et cela suffisait. — Aussi voyons-nous sans cesse poser en prin-

cipe par les auteurs que le mineur de 25 ans est inhabile à contracter, à s'obliger, que ses engagements sont *nuls,* comme l'étaient à Rome ceux du *pupillus*[1].

Mais que devenait alors la règle : « *Minor non restituitur tanquam minor, sed tanquam læsus,* » qui se rencontrait à chaque pas dans les écrits des jurisconsultes romains? Allait-on l'abandonner? Ce n'était guère possible. Universellement reçue en France au treizième siècle, invoquée souvent depuis, puisqu'elle recevait son application aux mineurs en curatelle, elle avait poussé dans notre droit de trop profondes racines, pour que l'on pût se soustraire à son influence. — D'un autre côté, quand on sait avec quelle absence complète de discernement nos anciens auteurs citaient souvent les textes du droit romain, on doit s'attendre à voir confondre bien facilement les mineursde 25 ans de nos pays coutumiers avec les *minores XXV annis* de Rome, dont il aurait fallu au contraire les soigneusement distinguer. — Ce qui aidait encore beaucoup à cette confusion, ce qui la justifiait aux yeux de ceux qui s'en rendaient compte, c'est que grâce à la règle : « *Tuteur et curateur n'est qu'un,* » dont on rapprochait, en y attachant le même sens, la proposition de Modestin : « In paucissimis distant curatores a tutoribus » (L. 13, pr., *De excusat. tut.,* 27, 1), on était arrivé à se dire qu'à Rome même pupilles et mineurs de 25 ans ne différaient pas au fond, quant à leur capacité. — « J'estime à vrai dire, lisons-nous dans Legrand[2], que cette dis-

---

[1] Voy. Meslé, *Traité des tutelles et curatelles,* chap. 14, n° 6, p. 487. — Pothier, *Traité des obligations,* n° 52, I, p. 146.

[2] Legrand, *Commentaire sur la coutume de Troyes* (Paris 1737), tit. 8, art. 139, glose 2, n° 5, p. 183.

tinction entre les pupilles et pubères du droit romain demeuroit vaine, superficiaire et quasi sans effet. » — Tous ces motifs que nous venons d'indiquer devaient amener la doctrine à appliquer aux mineurs de notre ancien droit les textes qui, ayant en vue les *minores XXV annis*, exigaient la lésion pour qu'ils pussent être relevés des obligations par eux contractées. Et c'est en effet ce que nous les voyons faire [1] et ce que Legrand recommande dans les termes les plus exprès : « Nous pouvons tenir, dit-il, que tout ce qui est décidé par les Loix romaines, *non-seulement à l'égard des* PUPILLES, *mais aussi à l'égard des* PUBÈRES, *doit être observé entre nous* [2]. »

41. Le résultat auquel on aboutissait de la sorte se prévoit sans peine : il était impossible que les auteurs ne fussent pas continuellement, soit en opposition les uns avec les autres, soit en contradiction avec eux-mêmes : tantôt, considérant le mineur comme pupille, ils devaient déclarer ses actes nuls ; tantôt, l'assimilant au pubère de Rome, ils étaient conduits à ne lui accorder que la restitution pour lésion. Tel est en effet le spectacle que l'ancienne doctrine nous offre.

42. Déjà au seizième siècle, tandis que Guy Coquille réputait *nuls* « les contrats faits par le fils de famille ou autres étans en puissance de tuteur ou curateur [3], » Charondas le Caron écrivait : « ....Pour le regard des

---

[1] Cf. Meslé, *op. cit.*, chap. 14, n° 28, p. 505. -- Merlin, *Répertoire*, v° *Mineur*, § 1, n° 3 etc.

[2] Legrand, *op. cit.* et *loc. cit.*

[3] Guy Coquille, *Institution au droit français* (De l'estat des personnes), p. 86, t. II, éd. Bordeaux 1703.

« autres choses qui sont faites par les *mineurs*[1] hors le
« cas de la dicte aliénation (vente d'immeubles sans
« autorité de curateur et décret de justice), ils ne sont
« toujours restituez ains *gist en cognoissance de cause*
« *s'ils ont esté deceux et circonvenus*[2]. » Et le Parlement de Paris, comme le rapporte Chenu[3], se pronon-
çait dans le même sens par arrêt du 28 novembre 1573.

Aux siècles suivants, les mêmes contradictions se
reproduisent. — Ainsi, Legrand commence par se
prononcer catégoriquement pour la nullité des engagements du mineur : « Tous contrats et transactions
« faites par les mineurs sans l'autorité de leurs tuteurs
« et curateurs sont *nulles* sans que le mineur soit obligé
« d'avoir recours au bénéfice de restitution. » — « On
« ne peut pas douter que toutes transactions et accords
« faits par mineurs ne soient *nuls*, tant par le droit ro-

---

[1] Il faut tenir pour certain, et j'en fais ici la remarque une fois pour
toutes, que dans les pays coutumiers, depuis la naissance de la règle :
Tuteur et curateur n'est qu'un, l'expression *mineur* ne désigne
plus seulement, comme dans les pays de droit écrit, ceux qui ont
franchi l'âge de la puberté, mais tous ceux, pubères ou pupilles, qui
ont moins de 25 ans. — « Selon la commune façon de s'exprimer
« dans les pays coutumiers, dit Ferrière, on y appelle *mineurs* tous
« ceux qui se trouvent au-dessous de l'âge de 25 ans, sans distinc-
« tion des pubères d'avec les impubères ; » et il ajoute un peu plus
loin : « La raison pour laquelle ils sont confondus les uns avec les
« autres sous la même dénomination dans les pays coutumiers est
« prise de ce qu'en France, c'est-à-dire en la France coutumière, la
« tutèle dure jusqu'à l'âge de 25 ans accomplis » (Ferrière. *Traité
des tutèles*, nᵒˢ 577 et suiv., p. 290. Toulouse 1766). — Voy. aussi
Ferrière, *Dict. de droit*, II, vᵒ *Mineurs*, p. 310. — Furgole, *Observ.
sur l'Ordonn. de 1731*, art. 7, p. 27. Toulouse 1733.

[2] Charondas le Caron, *Pandectes ou décisions du droit français*,
liv. II, chap. 40, p. 402. Paris 1607.

[3] Chenu, *Notables et singulières questions de droit*, p. 295
Paris 1620.

« main que par notre droit [1]. » — « Toutes obligations
« et ventes de biens par eux faites, soit de meubles ou
« d'immeubles, sont *nulles* etc. [2] » — Il est impossible
d'être plus affirmatif. Pourtant que lisons-nous quelques pages plus loin : « Les mineurs sont restituez
pour vente et achat de meubles, *lorsque la lezion est ·
énorme* [3]. » — « Le mineur sera restitué contre l'acquisition par lui faite d'un héritage, *s'il a esté lezé* etc. [4] »
— Il est impossible d'être plus inconséquent.

43. Plus on avance, plus ces inconséquences deviennent flagrantes et nombreuses : les auteurs de traités
spéciaux sur la matière, Merville, Meslé, sont loin de
s'y être soustraits. — Merville : « C'est une première
règle qu'un mineur ne peut contracter sans son tuteur,
ni de son chef et seul, quand même il serait dépourvu de tuteur; ainsi *point d'aliénation, point d'obligation, point d'engagement, point de disposition entre
vifs...; tous les actes* qu'il ferait seraient *nuls* et de *nulle
valeur* [5]. » Voilà bien le système de la nullité absolue;
mais tournez quelques feuillets et le langage changera
du tout au tout. Cette fois, « c'est une maxime constante
qu'un mineur n'est pas indistinctement restitué *tanquam
minor*, mais *tanquam læsus;* donc, s'il ne se trouve
point *lésé* dans l'acte contre lequel il réclame, il ne
sera pas relevé ni restitué, quoiqu'il ait fait et consenti

---

[1] Legrand, *Comment. sur la Cout. de Troyes*, tit. 8, art. 139,
glose 4, n⁰ˢ 4, 6, p. 185.

[2] Legrand, *op. cit.*, p. 183.

[3] Legrand, *op. cit.*, art. 139. glose 10, n⁰ 26, p. 195.

[4] Legrand, art. 139, glose 10, n⁰ 30, p. 196.

[5] Merville, *Traité des majorités coutumières et d'Ordonnances*,
sect. 9, p. 113. Paris 1729.

cel acte en minorité!... [1] » — Meslé tombe dans la même contradiction : tantôt pour lui l'acte fait par le mineur est *nul* [2]; tantôt, au contraire, « il n'y a de sujet à rescision que ce qui est jugé tel *en connaissance de cause*, ou quand les mineurs *étant trompez* par les autres, ou s'étant trompez eux-mêmes etc. [3], » — « le mineur est restitué *partout où il est lésé en ce qu'il a fait* etc. [4] »

44. Je pourrais multiplier ces citations; mais à quoi bon? Quand nous voyons Pothier lui-même faillir à sa logique habituelle et se contredire à fréquentes reprises, n'avons-nous pas la preuve la meilleure que peu d'auteurs ont dû échapper ici au reproche d'inconséquence? — Au n° 52 du *Traité des Obligations* et à la sect. 1, art. 2, § 2 de son *Traité du quasi-contrat negot. gestorum*, Pothier, assimilant les mineurs aux *pupilles* du droit romain, annule leurs actes. « Les mi- « neurs, dit-il, qui commencent à avoir quelque usage « de raison sont plutôt incapables de s'obliger en con- « tractant, qu'ils ne sont incapables absolument de con- « tracter; ils peuvent, en contractant sans l'autorité de « leur tuteur ou curateur, obliger les autres envers « eux, *quoiqu'ils ne puissent s'obliger envers les autres* [5]. » Dans le second passage nous lisons : « Il est bien vrai, « à l'égard des contrats, qu'un impubère *ne peut s'obli- « ger en contractant sans l'autorité de son tuteur*, si ce

---

[1] Merville, *op. cit.*, p. 143.

[2] Meslé, *Traité des tutelles et curatelles*, chap. 14. n° 25, p. 503 etc.

[3] Meslé, *op. cit.*, chap. 14, n° 28, p. 505.

[4] Meslé, *op. cit.* et *loc. cit.*

[5] Pothier, *Traité des obligations*. n° 52, I, p. 116.

« n'est jusqu'à concurrence de ce qu'il se trouve profiter
« du contrat. — Par exemple, si un *impubère (ou même,
« selon notre droit français, un mineur même pubère qui
« est encore sous puissance de tuteur)* a emprunté etc....
« La raison est que les contrats étant formés par le
« consentement des parties contractantes, le contrat
« fait par un impubère sans l'autorité de son tuteur
« *est nul,* faute d'un consentement valable... [1] » —
Pourtant n'est-ce pas Pothier qui dit en un autre endroit de ses œuvres : « Les mineurs sont admis à la
restitution contre *leurs conventions,* non-seulement
pour cause de lésion énorme, mais *pour quelque lésion que ce soit* [2]. »

Mais voici qui est d'une conciliation plus difficile encore. Le chap. IV du *Traité de la procédure civile*
(5e partie) a pour rubrique : *Des moyens de nullité et
des lettres de rescision*, et sous l'art. 1er, *Des moyens de
nullité*, Pothier s'exprime ainsi : « IL Y A DES ACTES QUI
« SONT NULS DE PLEIN DROIT, sans qu'il soit besoin de
« lettres de rescision pour les annuler, suivant cette
« maxime : *quod nullum est ipso jure rescindi non potest.*
« Ces moyens de nullité contre un acte se tirent : 1° *de
« la forme;* 2° *de l'incapacité de la personne ;* par exemple
« on opposera contre un contrat, quel qu'il soit, s'il est
« passé par une femme sous puissance de mari etc... On
« opposera *le même défaut d'incapacité* contre des actes
« qui contiendraient QUELQUE PROMESSE OU QUELQUE
« ALIÉNATION FAITE PAR UN MINEUR NON ÉMANCIPÉ OU

---

[1] Pothier, *Traité du quasi-contrat negotior. gestorum*, sect. 2,
art. 2, § 2, VI, p. 235.

[2] Pothier, *Traité des obligations*, n° 40, I, p. 106.

« par un interdit [1]. » — Puis l'art. 2, *Des lettres de
rescision*, porte ce qui suit : « LORSQU'UN ACTE N'EST
« PAS NUL DE PLEIN DROIT et que la partie qui a con-
« tracté par cet acte quelque engagement, et qui se
« trouve lésée, a quelque juste cause *pour se faire res-
« tituer*..., elle ou ses héritiers peuvent se pourvoir par
« *lettres de rescision*... — Les MINEURS, soit qu'ils soient
« encore mineurs, soit qu'ils soient devenus majeurs, et
« leurs héritiers, sont RESTITUABLES contre les actes
« qu'ils ont passés en minorité. — Ils sont pareillement
« restituables contre un cautionnement qu'ils ont con-
« tracté... En général, les MINEURS SONT RESTITUABLES
« contre quelque espèce d'acte que ce soit, PAR LEQUEL
« ILS ONT ÉTÉ LÉSÉS [2]. »

Merlin n'a pas été plus heureux que Pothier : au § 9,
n° 1, v° *Mineur*, nous le prenons à dire : « Lorsque les
actes ou les contrats sont *nuls dans la forme*, comme
lorsque le tuteur ou le curateur n'y était pas présent, il
n'est pas nécessaire d'obtenir des lettres de rescision
pour les faire annuler [3], » tandis que plus haut nous trouvons des principes de tous points contraires : « Un mineur, en pays coutumier, peut-il contracter ou s'obliger
sans être assisté de son tuteur ? » se demande Merlin,
et il répond : « La Loi 44, *De minoribus*, établit cette
règle : « Tout ce que font les mineurs de 25 ans n'*est
« pas nul;* il n'y a de nul que ce qui a été déclaré tel...
Il suit de ce principe que les mineurs ne sont pas abso-

---

[1] Pothier, *De la procédure civile*, part. 5, chap. 4, art. 1, t. XIV,
p. 391.

[2] Pothier, *De la procédure civile*, part. 5, chap. 4, art. 2. § 1, pr.
et t. XIV, p. 392 et 394.

[3] Merlin, *Répertoire*, v° *Mineur*, § 9, n° 1.

lument incapables de s'obliger, et que ce qu'ils font ne peut être annulé qu'autant que les contrats qu'ils ont passés *leur causeraient quelque dommage*[1]. »

45. La conséquence à laquelle on arrivait ainsi en dernière analyse, c'est qu'après avoir proclamé nulles les obligations du mineur ou paralysait en partie les effets de cette nullité, qu'on la ramenait à n'être plus qu'une restitution pour lésion, c'est que finalement les actes faits par les mineurs ne pouvaient donner lieu à une annulation que s'ils leur étaient préjudiciables ; et ainsi la suppression de la distinction qui précédemment existait entre les impubères et les mineurs de 25 ans, au lieu d'amener l'assimilation de ceux-ci aux premiers, produisit le résultat inverse. Ce résultat, nous le trouvons consacré au dix-septième siècle par des arrêts du Parlement de Paris du 21 juillet 1682[2] et du 6 février 1691[3], dont le premier, notamment, décide « que les engagements des mineurs sont valables et légitimes en général ; mais qu'ils ont cet avantage par-dessus les autres qu'ils peuvent en connaissance de cause se faire restituer. » Il est admis aussi par Duplessis[4], Argou[5], Basnage[6], Boucheul[7] etc., et au dix-

---

[1] Merlin, *Répertoire*. v° *Mineur*, § 1, n° 3.

[2] *Journal du Palais* (Blondeau et Gueret), II, p. 348. Paris 1755.

[3] *Journal des audiences du parlement*, par Nupied, t. IV, liv. VI, chap. 10, p. 314 et suiv. Paris 1757.

[4] Duplessis, *Traité sur la Coutume de Paris*, liv. I, art. 223-224, p. 405. Paris 1699.

[5] Argou, *Institution au droit français*, liv. I, chap. 7, 1, p 37 ; liv. IV, chap. 14, II, p. 484. Paris 1771.

[6] Basnage, *Traité des hypothèques*, chap. 3, n° 3, p. 16 et suiv. Paris 1724.

[7] Boucheul, *Corps et compilation sur la coutume de Poitou*, art. 315, n° 6. Paris 1727.

huitième siècle présenté comme un point de doctrine certain par Ferrière[1], Rousseau de Lacombe[2], Lebrun[3], Bourjon[4], Denizart[5] etc.

46. Il est d'ailleurs vrai de dire que le principe de la restitution en entier pour lésion fut appliqué d'une manière très-large, trop large même. On ne se contenta pas de donner cette restitution contre tous actes quelconques du mineur, fussent-ils faits avec l'assistance du tuteur ou curateur[6], on regarda de plus comme en étant un fondement suffisant la lésion qui résultait d'un *cas fortuit* survenu postérieurement au contrat[7].

47. La règle que les contrats passés par les mineurs ne sont pas nuls, mais seulement rescindables en cas de lésion, ne reçut exception qu'à l'égard de certains d'entre eux qui étaient soumis à des formalités protectrices, ou aussi que l'on réputait trop dangereux pour qu'il fallût mettre la preuve de la lésion à la charge du mineur. Ainsi les immeubles ne pouvaient être aliénés, à peine

[1] Ferrière, *Corps et compilation sur la coutume de Paris*, art. 239, glose 2, n° 12, t. III, p. 508. Cf. art. 240, glose 3, n° 33, III, p. 546. Paris 1714. — *Dictionnaire de droit*, t. II, v° *Mineurs*, p. 312.

[2] Rousseau de La Combe, v° *Restitution*, sect. 2, n° 1, p. 575 et 576.

[3] Lebrun, *De la communauté*, liv. 2, chap. 1, sect. 4, n° 16, p. 159 ; sect. 5, n° 10, p. 163. Paris 1709.

[4] Bourjon, *Droit commun de la France*, t. 1, p. 45. Paris 1747.

[5] Denizart, *Collect. de décisions nouvelles*, v° *Mineur*, t. III, p. 293, 8ᵉ éd. Paris 1773.

[6] La restitution était donnée aussi contre les actes faits par le tuteur, même, jusqu'à la fin du dix-septième siècle, contre les actes d'administration.

[7] Argou, *Instit. au droit français*, liv. I, chap. 7, p. 37. Paris 1771. — Lebrun, *Des successions*, liv. III, chap. 8, sect. 2, n° 30, p. 560. Paris 1743.

de nullité de la vente, qu'après avis de parents, permission de juge, publications, estimation d'experts, enfin décret. Le mineur, d'un autre côté, ne pouvait décharger valablement son tuteur de rendre compte une fois la tutelle finie[1], ni emprunter[2], ni accepter ou faire une donation, ni accepter une hérédité ou y renoncer[3], ni donner quittance de capitaux[4]; dans tous ces cas il était admis à faire déclarer *nul* l'engagement qu'il avait contracté, sans avoir d'autre preuve à fournir que celle de sa minorité.

Mais ces actes mêmes, il faut bien le remarquer, n'étaient pas annulés sous prétexte que le mineur en aurait été absolument incapable : la base de la nullité était une *présomption de lésion*, présomption, du reste, qui n'était susceptible d'être combattue que dans les cas d'emprunt ou de réception de paiement. Ainsi, là même on ne s'écartait pas, au fond, du principe que le mineur n'a que la restitution en entier contre ses actes. — Les auteurs s'en expliquent très-clairement[5], et la meilleure preuve en est que si dans une vente d'immeubles, faite par le *mineur seul*, les formalités prescrites avaient été remplies, cette vente n'était plus que rescindable pour lésion, tout comme si le tuteur y avait concouru[6].

48. Si, jetant un coup d'œil en arrière sur le chemin

---

[1] Voy. par exemple Legrand sur Troyes, art. 139, glose 2, p. 182-183.

[2] Cf. Bretonnier sur Henrys, liv. 1, chap. 4, II, p. 161. Paris 1738.

[3] Rousseau de La Combe, v° *Restitution*, sect. 2, n° 1, p. 575-576.

[4] Argou, *op. cit.*, liv. 1, chap. 9, p. 72.

[5] Conclusions de l'avocat général Gilbert dans une cause jugée en 1645, rapportées par Rousseau de La Combe, v° *Restitution*, sect. 2, p. 576. — Voy. aussi Rousseau de La Combe lui-même, *loc. cit.* etc.

[6] Meslé, *op. cit.*, chap. 14, n° 8, p. 490.

que nous venons de parcourir à travers les pays de
droit écrit ou coutumier, nous nous demandons quelle
devait être, lors de la chute de l'ancien régime, la condition et la capacité du mineur, voici les points essen-
tiels auxquels nous pourrons nous arrêter.

Dans les pays de droit écrit, l'enfant jusqu'à l'âge
de puberté, de quatorze à douze ans, a un tuteur ; à
cet âge, il est émancipé de plein droit et capable dès
lors d'administrer ses biens et de disposer de ses meubles ; mais il a jusqu'à vingt-cinq ans un curateur pour
l'autoriser dans certains actes importants (l'aliénation
immobilière notamment) et pour l'assister de ses conseils dans les autres.

Au-dessous de l'âge de puberté, c'est le tuteur qui
agit; au-dessus, c'est le mineur.

Les actes que l'impubère qui a déjà quelque raison
fait seul ne sont obligatoires pour lui qu'autant qu'il
n'en résulte pas la moindre lésion, ce que le tiers qui
veut se prévaloir de ces actes est tenu de prouver.

Les contrats passés par le mineur (à l'exception de
ceux pour lesquels l'autorisation du curateur est spécialement requise) ne sont que rescindables pour lésion, et c'est au mineur à établir qu'ils lui sont préjudiciables.

Dans les pays de droit coutumier (sauf en Normandie),
les enfants sont *mineurs* jusqu'à *vingt-cinq ans*, et jusqu'à cet âge le *droit commun* les fait rester en tutelle.
Dans certaines Coutumes seulement ils sont *émancipés
de plein droit* avant 25 ans (*majorités coutumières*) et
alors aptes, comme les pubères des pays de droit écrit,
à administrer leur patrimoine et à disposer de leurs
biens mobiliers, ou même, dans quelques pays, capables

d'aliéner leurs immeubles sans formalités aucunes, sous le seul bénéfice de la restitution en entier. Ils reçoivent des *curateurs aux causes*, qui doivent les autoriser à ester en jugement et peuvent être appelés à les assister dans leurs contrats. — Les actes qu'ils font ne donnent jamais lieu qu'à la rescision pour lésion, à moins qu'ils aient été passés au mépris de certaines formes prescrites (aliénations d'immeubles dans les Coutumes qui ne les permettent pas expressément aux majeurs coutumiers), ou qu'ils soient trop dangereux ou trop importants par eux-mêmes (acceptation d'hérédité, emprunt, quittance de capitaux), auquel cas les tiers devraient prouver qu'ils ont tourné au profit du majeur coutumier.

Les mineurs de 25 ans, non émancipés, sont, *en théorie*, déclarés *absolument incapables* de contracter : les obligations contractées par eux sont frappées de *nullité*. — Mais on corrige immédiatement cette première proposition; bien plus, on la détruit de tout point, en ajoutant que le mineur *ne peut être restitué que s'il prouve qu'il est lésé*. Après avoir proclamé bien haut la nullité des actes du mineur, on ne la laisse subsister qu'en certains cas où l'on PRÉSUME *la lésion*.

C'était là une contradiction manifeste et choquante, que les rédacteurs du Code civil auraient pu, et qu'ils auraient dû faire disparaître; mais ils n'y ont pas pris garde, ils l'ont conservée sans s'en douter, ils l'ont reproduite dans les art. 1124 et 1305, à l'étude desquels nous allons passer.

DROIT NOUVEAU.

Quelle est, en règle[1], d'après le Code civil, la capacité de contracter du mineur émancipé?

———

49. Après l'exposé impartial que nous avons fait de la condition du mineur dans l'ancien droit, la dernière partie de notre tâche est bien facilitée ; car cette question que nous nous posons maintenant : Quelle capacité le législateur moderne a-t-il entendu reconnaître au mineur? a-t-il admis ou rejeté la règle : « *Minor non restituitur tanquam minor, sed tanquam læsus?* » elle doit trouver sa solution dans les recherches historiques auxquelles nous venons de nous livrer.—On s'en souvient, l'ancienne jurisprudence, dans les pays de droit écrit comme dans les pays coutumiers, s'était constamment occupée du

[1] Sur l'intéressante question de savoir quelle est la capacité exceptionnelle du mineur de s'obliger dans son contrat de mariage (art. 1309-1398), voy. : Cass., 23 février 1869 (Dalloz, 69, I, 179). — Cass., 10 décembre 1867 (Dalloz, 67, I, 475). Riom, 11 juillet 1864 (Dalloz, 67, I, 476). Limoges, 29 janvier 1862 (Dalloz, 62, II, 39). — Grenoble, 5 août 1859 (Dalloz, 62, II, 39). Limoges, 10 juillet 1862 (Dalloz, 62, II, 40). — Req. rej., 25 janvier 1859 (Dalloz, 59, I, 407). — Cass., 20 juillet 1859 (Dalloz, 59, I, 279). — Cass., 13 juillet 1857 (Dalloz, 57, I, 334). — Cass., 5 mars 1855 (Dalloz, 55, I, 401). — Cass., 12 janvier 1847 (Dalloz, 47, I, 225). Agen, 25 avril 1831 (Sir., 31, II, 454). — Cass., 7 novembre 1826 (Sir., 27, I, 15). Bordeaux, 25 janvier 1826 (Sir., 26, II, 245). Nîmes, 26 janvier 1825 (Sir., 25, II, 312) etc. — Voy. aussi Thiry, *Du contrat de mariage des mineurs.* Bruxelles 1863 ; surtout p. 20 et suiv.

mineur agissant seul; constamment elle avait fait figurer sa personnalité à côté de celle du tuteur. Bien plus, le droit coutumier, dont les rédacteurs du Code ont si souvent suivi les principes, pendant longtemps n'avait connu aucune distinction entre les actes du tuteur et ceux faits par le pupille sans l'assistance de ce dernier. Les uns et les autres de ces actes donnaient toujours et ne donnaient jamais lieu qu'à la rescision pour lésion, sauf le cas où l'omission de certaines formalités protectrices faisait naître exceptionnellement une action en nullité. Il est vrai qu'au dix-huitième siècle il n'en fut plus tout à fait ainsi; mais l'innovation ne porta que sur les actes d'administration du tuteur, qui reçurent une stabilité plus grande, qui furent soustraits à l'action en rescision pour lésion; la capacité du mineur ne fut aucunement changée.

50. Ainsi, dans le dernier état encore de la législation coutumière, le mineur paraît sans cesse par lui-même : s'occupe-t-on des actes faits en minorité, on ne manque jamais de prévoir deux cas : celui où le tuteur agit, celui où c'est le mineur.

Est-ce le tuteur ? les actes d'administration sont inattaquables, les autres actes qui rentrent dans ses pouvoirs sont rescindables pour cause de lésion, ou nuls, suivant que les formes prescrites pour leur accomplissement ont été ou non observées par lui.

Est-ce au contraire le mineur qui est en scène, est-ce lui seul qui est intervenu dans l'acte ? en ce cas, on parle, il est vrai, bien haut d'incapacité, on proclame nulle la convention qui a été passée : mais ne se hâte-t-on pas aussi d'ajouter que l'incapacité ne pourra être invoquée, que la nullité ne sortira effet qu'autant que le maintien du contrat serait préjudiciable au mineur? Cela ne revient-il pas à dire que le mineur avait la rescision pour lésion contre les actes faits par lui? Il fallait, comme pour le tuteur, que les formalités légales eussent été omises pour qu'il pût y avoir ouverture à nullité. Telle est la règle qui se dégage d'une manière éclatante de tout l'ensemble de notre ancienne jurisprudence coutumière.

51. Eh bien! je ne crains pas de le dire, à moins de fermer les yeux à la lumière, il est impossible de ne pas voir que ce système a passé dans le Code, avec cette seule modification que l'observation des formes spéciales exigées en certains cas par la loi, met obstacle à la rescision pour lésion; que ce soit d'ailleurs le tuteur ou le mineur qui ait contracté. J'espère démontrer sans peine ce que j'avance.

52. Les art. 450 à 468 du Code s'occupent des pouvoirs du tuteur. Le tuteur! il est le représentant légal du mineur dans tous les actes de la vie civile, il a le gouvernement général de sa personne et de ses biens, il est mis à la tête du patrimoine de son pupille, il est pour ainsi dire substitué à ce dernier, jusqu'à ce que vienne l'âge de la majorité. A ce droit si large, la loi n'a apporté de limitation que celle qui lui était dictée par le désir de sauvegarder les intérêts du mineur. Certains actes, les dispositions à titre gratuit, le compromis (art. 1003, 1004; cbn. 83 et 1013 Pr.), furent interdits au tuteur; d'autres, les ventes immobilières, les transactions etc., furent subordonnés à l'autorisation (avec ou sans homologation de justice) d'un pouvoir pondérateur, du conseil de famille, ou même à l'accomplissement de certaines formalités spéciales. Il n'y a

point d'autres restrictions au pouvoir du tuteur dans les art. 450 et suiv. Le tuteur agit donc en véritable *dominus*, en maître du patrimoine, pourvu que, se conformant aux prescriptions de la loi, il s'entoure, le cas échéant, des garanties qui doivent protéger le mineur[1]. Qu'est-ce à dire, sinon que, sous cette seule condition, les actes du tuteur qui ne lui sont pas formellement interdits sont aussi parfaits, aussi inattaquables que s'ils avaient été faits par le pupille lui-même devenu majeur ? Et en effet, nulle part, dans toute la section VIII, il n'est trace de la rescision pour lésion[2]. Admettre cette action, n'aurait-ce pas été illogique au premier chef, quand de par la loi on proclamait le tuteur *représentant du mineur dans tous les actes de la vie civile* ?

53. Voilà pour le tuteur : sa mission est tracée, ses pouvoirs définis, le Code n'aura plus à en parler au point de vue qui nous occupe. Au contraire, rien n'est décidé quant au mineur agissant lui-même, quant au sort des engagements ainsi contractés par lui. Mais ce sera la matière des art. 1124-1125, 1304-1314. Dans l'art. 1124, on commence par ranger le mineur dans la

---

[1] Ce principe est formulé avec beaucoup d'énergie dans un arrêt récent de la Cour de cassation : — « Attendu, dit la Cour, que pour tout ce qui tient à l'administration de ses biens, le pupille est tellement représenté par son tuteur que le *fait de ce dernier est considéré comme le fait de l'autre ;* — que le mineur est, relativement aux actes que le tuteur passe dans la limite du mandat qu'il tient de la loi, dans la *position du mandant* relativement aux actes que le mandataire passe dans la limite de ses pouvoirs... » (Cass., 8 juin 1859. *Devill. et Car.*, 59, II, 567).

[2] Au contraire, l'art. 466, al. 1, dit expressément que le partage fait en conformité des prescriptions légales obtiendra à l'égard du mineur *tout l'effet qu'il aurait entre majeurs.* — De même, art. 840 et 463.

classe des incapables de contracter. Il n'y a là rien qui nous étonne: c'est la reproduction de la doctrine ancienne. Le législateur a marché fidèlement sur la trace des jurisconsultes du dix-huitième siècle: tous, Pothier en tête, avaient posé en principe l'incapacité du mineur; les rédacteurs du Code les ont imités. Mais il était impossible de ne pas songer à la règle : « *Minor non restituitur tanquam minor, sed tanquam læsus* » ; il était impossible d'oublier que, dans l'ancien droit, les actes faits par le mineur, quelque incapable qu'on le déclarât, ne pouvaient être annulés que si la preuve d'une lésion était fournie, ou si les formes légales avaient été négligées. Si on voulait adopter le même système, il fallait s'en expliquer par une disposition spéciale; au contraire, entendait-on que l'incapacité du mineur fût absolue, il suffisait de l'art. 1124 rapproché de l'art. 1108. Eh bien ! le législateur s'en est-il tenu à l'art. 1124 ? Non, il l'a fait suivre d'un art. 1125 ainsi conçu : « Le *mineur*, l'interdit et la femme mariée ne peuvent attaquer, pour cause d'incapacité, leurs engagements que dans les cas prévus par la loi. » — *Dans les cas prévus par la loi*, cela appelle de toute nécessité un texte nouveau, un texte qui détermine, qui précise les effets de l'incapacité du mineur. Pour l'interdit, il y a l'art. 502, pour la femme mariée l'art. 215, pour le mineur il y a les art. 1305-1314. On chercherait vainement dans tout le Code d'autres dispositions qui puissent se rapporter à la question soulevée, mais laissée en suspens par l'art. 1124; ce sont donc bien ces art. 1305-1314 qui sont le siége de notre matière.

54. Le doute d'ailleurs n'est pas permis : d'une part et comme nous devions nous y attendre, nous trouvons

là (à une seule exception près, écrite dans l'art. 1314)
tout ce qu'enseignait l'ancien droit sur les conséquences
de l'incapacité du mineur agissant seul; d'un autre
côté, nulle ambiguité dans les termes : depuis l'art. 1304
jusqu'à l'art. 1314 on ne rencontrera pas un texte qui
ne se réfère d'une façon directe, claire, certaine, au mineur lui-même, au mineur lui seul, paraissant sur la
scène juridique, figurant dans les contrats, s'obligeant,
obligeant les tiers; pas un texte qui s'occupe du tuteur.
Tout n'était-il pas réglé quant à celui-ci? on avait dit
quels actes il pouvait faire, quels exigeaient certaines
formalités, et l'on ne voulait plus (comme le montre
l'art. 1314) que ces derniers actes pussent donner
lieu à la rescision pour lésion. C'était donc bien du
mineur seul qu'il pouvait être question, du mineur
qu'on avait déclaré incapable dans les cas prévus par
la loi : le moment était venu de dire quels sont ces cas.
Aussi voyez toute la section qui commence par l'art.
1304 et finit par l'art. 1314!

55. Voyez d'abord l'art. 1304! Le délai de dix ans ne
court, à l'égard des actes faits par les mineurs, que du
jour de la majorité. *Les actes faits par les mineurs!* il
n'est point question de ceux du tuteur. Pourquoi? c'est
que ces derniers sont en principe inattaquables, c'est
qu'il faut déjà l'omission des formes en certains cas requises pour que l'on puisse songer à une action en
nullité; au lieu qu'en règle générale tous les contrats
que le mineur a passés seuls peuvent donner naissance,
ou à une action en nullité, ou à une action en rescision pour cause de lésion. L'art. 1305 l'explique. Après
les termes employés dans l'article précédent, on devait
se demander quand le mineur pouvait revenir contre

les actes par lui consentis. Le législateur répond en consacrant le principe ancien que, toute condition, toute question de forme à part, le mineur aura la restitution en entier pour faire tomber ses conventions quelles qu'elles soient, s'il prouve qu'elles lui sont préjudiciables. Veut-on d'ailleurs de nouvelles preuves que par *les actes faits par le mineur* l'art. 1304 veut désigner le *mineur agissant seul,* et que l'art. 1305 n'est que l'explication de ces mots ainsi entendus? Voici d'abord le deuxième alinéa de l'art. 1305 qui offre au mineur émancipé l'action en rescision contre toutes conventions excédant les bornes de sa capacité. Or si ce deuxième alinéa se rapporte évidemment à un mineur qui contracte en personne, comment pourrait-il ne pas en être de même du premier, auquel il est lié d'une manière intime, inséparable? Je sais bien qu'on a prétendu que dans les deux cas il devait s'agir d'un mineur s'obligeant avec l'assistance, soit de son tuteur, soit de son curateur. Mais notre droit connaît-il donc l'*auctoritas tutoris?* N'est-ce pas le tuteur lui-même qui doit paraître, qui doit paraître seul? Et dès lors, si l'art. 1305 avait dû accorder la rescision contre ses actes, est-ce du mineur non émancipé, agissant avec l'assistance de son tuteur, qu'il aurait pu y être parlé? — Je poursuis ma démonstration. — A côté des actes faits par les mineurs, l'art. 1304 mentionne *ceux faits par les interdits.* L'art. 1305, au contraire, garde sur ces derniers un silence complet. Eh bien! je le demande, ce silence serait-il explicable s'il fallait admettre cette synonymie par elle-même déjà si étrange entre les termes *actes faits par les mineurs* ou les *interdits* et ceux d'*actes faits par leur tuteur?* La tu-

telle des interdits n'est-elle pas, de par l'art. 509, soumise aux mêmes règles que celle des mineurs ? Le tuteur de l'interdit et celui du mineur n'ont-ils pas la
même mission, les mêmes pouvoirs; leurs actes ne de-
vraient-ils pas être sujets aux mêmes causes de rescision
ou d'annulation? Comment se fait-il donc que l'art. 1305
ne mette pas sur la même ligne, comme l'art. 1304,
comme l'art. 1312, comme l'art. 1314, et les mineurs
et les interdits? Une seule réponse, mais péremptoire,
est possible : tous ces textes, les art. 1304, 1312, 1314,
contiennent des règles communes aux uns et aux
autres, aux interdits et aux mineurs; différemment en
est-il de l'art. 1305, qui ne peut s'appliquer, lui, qu'aux
mineurs, car il déclare rescindables seulement pour lésion les contrats passés par eux, tandis que l'art. 502
frappe d'une nullité absolue ceux que les interdits pourraient faire.

56. Et maintenant tous les articles qui suivent
viennent renforcer les preuves que nous venons de
fournir ! Tous n'ont qu'un seul objet, qu'un seul but :
déterminer quand et dans quelle mesure le mineur est
capable de s'obliger par lui-même, par ses propres
actes. L'art. 1307 surtout me semble fournir un argument irrésistible. Est-ce le mineur assisté de son tuteur
qui pourra faire une déclaration de majorité? — Mais
pourquoi insister davantage? il suffit de lire les textes
eux-mêmes pour voir que partout c'est la personnalité
du mineur, et sa personnalité seule, qui est mise en
avant.

57. Remarquons, au reste, que le législateur, après
avoir posé dans l'art. 1305 le principe de la rescision
pour lésion qu'il empruntait à l'ancien droit, n'a fait dans

les articles suivants que développer la théorie que les jurisconsultes du dix-huitième siècle y avaient rattachée, la précisant sur certains points , la complétant sur d'autres, mais n'y introduisant qu'une seule modification vraiment importante, celle qui résulte de l'art. 1314. Cet art. 1314, ainsi que l'art. 1311, doivent encore arrêter quelque temps notre attention.

58. Dans l'art. 1305 on avait cru inutile d'indiquer expressément que si l'acte fait par le mineur était de ceux qui ne sont permis au tuteur qu'avec l'observation de formes spéciales, l'omission de ces formes entraînerait la nullité, sans qu'il fût nécessaire d'établir la lésion. Cela n'avait jamais fait difficulté dans l'ancienne jurisprudence, et cela ne pouvait en faire davantage pour un législateur qui s'inspirait des mêmes idées, qui consacrait les mêmes principes. Dans la pensée des rédacteurs du Code, comme dans celle de nos vieux auteurs, les conditions, de l'accomplissement desquelles dépend la validité de certains actes passés en minorité, ces conditions sont imposées aussi bien au pupille qu'au tuteur. Les actes du pupille comme ceux du tuteur peuvent échapper à l'action en nullité s'ils ont été entourés des garanties légales; mais c'est aussi à cette condition seule qu'ils y peuvent échapper : en un mot, il n'y a aucune application possible de la règle : « Minor non restituitur tanquam minor, sed tanquam læsus, » si l'acte est nul en la forme. Et voilà pourquoi l'art. 1305 a pu être conçu en ces termes si larges : « La simple lésion donne lieu à la rescision en faveur du mineur non émancipé *contre toutes sortes de conventions* : » on sous-entendait évidemment *qui ne sont pas soumises à des formes spéciales;* car, ces formes omises, l'acte se-

rait nul ; remplies , il ne serait pas même rescindable pour cause de lésion, par suite de l'innovation introduite par l'art. 1314. — D'ailleurs, si le législateur regardait comme allant de soi que le mineur n'avait pas l'action en rescision dans les cas où les conditions de forme avaient été par lui négligées, par cette toute simple raison que le contrat alors était frappé de nullité, il a eu du moins l'occasion de s'expliquer à cet égard dans les deux articles que nous avons déjà cités, l'art. 1311, l'art. 1314.

59. L'art. 1311 oppose formellement aux *engagements sujets à restitution* ceux *nuls en leur forme*. De quelles formes peut-il être question, sinon de celles déterminées par les art. 457 et suiv.? Et remarquez l'impossibilité qu'il y aurait à soutenir que ces mots *engagement nul en sa forme* ne se rapportent qu'au seul cas où c'est le tuteur qui a agi sans observer les règles que la loi lui trace ! Abstraction même de la place que l'article 1311 occupe au milieu d'une section dont nous avons montré la portée unique, sa rédaction ferait disparaître toute ambiguité, s'il pouvait en exister une. — « Le mineur, y est-il dit, n'est plus recevable à revenir contre l'engagement qu'il avait souscrit en minorité, lorsqu'il l'a ratifié en majorité, soit que cet engagement fût nul en sa forme, soit qu'il fût seulement sujet à restitution. » — On ne peut être plus clair ni plus précis : ne déclare-t-on pas en toutes lettres que l'engagement a été *souscrit par le mineur?* Au reste, les deux termes de l'alternative, *soit que, soit que*, sont inséparables et ne peuvent se rapporter qu'à l'engagement d'une même personne ; or ce ne sont que les actes du mineur agissant seul qui *sont sujets à restitution.*

60. L'art. 1314, de son côté, fait voir nettement (comme aussi l'art. 484) que les prescriptions des art. 457 et suiv. sont communes au pupille et au tuteur, et qu'ainsi l'un pas plus que l'autre ne peut y contrevenir, à peine de nullité. Il est vrai que pour tous les auteurs l'art. 1314 ne prévoit que l'hypothèse du tuteur contractant lui-même au nom de son pupille ; mais je ne crois pas cette interprétation exacte. Nous savons que dans l'ancien droit, quand toutes les précautions si nombreuses dont devaient être entourés les actes importants faits pendant la minorité avaient été prises, ou par le tuteur, ou par le mineur lui-même, la restitution en entier pour lésion n'en était pas moins accordée à ce dernier. Ceci devait être changé par la nouvelle législation ; les rédacteurs du Code voulaient qu'en pareil cas l'acte fût inébranlable. Mais fallait-il pour cela une disposition expresse ? Quant au tuteur, non ; oui, quant au mineur. Quant au tuteur, pouvait-il y avoir le moindre doute sur la stabilité de ses actes ? Ne résultait-il pas de toute la section VIII, *De l'administration du tuteur,* liv. I, tit. X (comme nous l'avons montré en son lieu), que le tuteur, représentant légal de son pupille, agit aussi valablement qu'un propriétaire pourrait le faire, pourvu qu'il se conforme aux prescriptions légales ? Un texte formel n'aurait-il pas été indispensable pour que l'on pût songer seulement à donner une action en rescision contre ses actes ? — Mais quant au mineur, il n'en était plus de même. Il y avait un texte, un texte conçu en des termes fort larges, qui restituait pour cause de lésion le mineur non émancipé *contre toutes conventions,* le mineur éman-

cipé *contre toutes celles qui excèdent les bornes de sa capacité*. Sans doute, on n'avait voulu désigner par là que les conventions qui n'exigent pas des formes spéciales ; mais un pareil sous-entendu ne devait pas paraître suffisant pour introduire une exception notable à la doctrine ancienne que l'on venait de consacrer. Il convenait de déclarer que si, le mineur non émancipé, exceptionnellement, le mineur émancipé, comme c'est la règle, passent un contrat en observant les conditions de forme requises dans leur intérêt, l'art. 1305 n'est point applicable. C'est là le sens, c'est là le but de l'art. 1314. — Je prévois une objection. Comment expliquer, dira-t-on, si cet article ne se réfère point aux actes du tuteur, qu'il y soit fait mention de l'*interdit*? Mais s'il est possible que le mineur non émancipé arrive à remplir les formalités exigées par la loi, pourquoi la même possibilité n'existerait-elle pas pour l'interdit qui se trouve dans un intervalle lucide, et si l'acte du mineur est, à cette condition, inattaquable, pourquoi celui de l'interdit ne le serait-il pas également? Or c'est là une exception à l'art. 502, qui avait besoin d'être écrite, et qui l'a été dans l'art. 1314. — Maintenant je ne veux pas prétendre que cet art. 1314 n'est pas rédigé en des termes assez généraux pour qu'il ne soit permis de l'étendre aux contrats passés par le tuteur, j'accorderais même que cette extension a été dans la pensée du législateur, mais je n'en tiens pas moins que c'est principalement, que c'est avant tout, en vue des actes faits par le mineur lui-même que cette disposition a été inscrite dans le Code.

61. Si la moindre incertitude pouvait subsister sur le système que je viens de développer et que je crois

fermement celui du législateur, les travaux préparatoires devraient la dissiper. Nous retrouvons dans ces documents, si précieux pour l'intelligence des textes, toute la marche des idées que j'ai indiquée dans ce qui précède.

62. Sur le titre X, *De la minorité, de la tutelle et de l'émancipation*, on commence par avertir que la minorité sera réglée, sous le Code, par les principes de l'ancien droit. — « Ce n'est point une législation nouvelle qui vous est soumise, dit M. Huguet dans son rapport au Tribunat[1], ce n'est point un système nouveau qui vous est présenté; c'est un choix de préceptes, de maximes et de règles déjà éprouvés par l'expérience des siècles et que la raison a justifiés depuis longtemps; c'est un choix fait, soit dans le droit écrit, soit dans le droit coutumier, des meilleures institutions sur cette matière. » — L'Exposé des motifs de M. Berlier porte de même[2] : « La plupart des dispositions rédigées sur ces points divers s'écartent peu de l'ancien état de la législation et leurs différences n'ont pas même besoin d'être analysées. Nous en dirons à peu près autant des VIIIe et IXe sections relatives à l'administration du tuteur et à la reddition des comptes de tutelle. » — Mais en même temps M. Berlier relève les innovations que l'on a cru devoir introduire : « Cependant, continue-t-il, il est quelques objets d'un ordre supérieur et sur lesquels il nous a semblé que nous devons plus particulièrement fixer votre attention. Ainsi, *par exemple*, le projet contient des vues

---

[1] Locré, *Législation civile, criminelle et commerciale de la France*, t. VII, part. 2, somm. 8, n° 1, p. 247.

[2] Locré, t. VII, part. 2, nos 14, 15, p. 238-239.

nouvelles au sujet des transactions qui peuvent avoir lieu durant la tutelle. Les principes admis jusqu'à ce jour, sans repousser ces transactions, en rendaient l'usage impraticable, car *elles ne pouvaient valoir qu'autant qu'elles profitaient au pupille* et que celui-ci s'en contentait. De là la ruine de plus d'un mineur; de là aussi de nombreuses entraves pour beaucoup de majeurs... Il convenait de mettre un terme à de si grands inconvénients, et le projet y a pourvu en imprimant un caractère durable aux transactions pour lesquelles le tuteur aura été autorisé par le conseil de famille... etc. »

Les différents passages que nous venons de citer mènent à cette conclusion que tous les actes du tuteur sont à l'abri de la rescision pour cause de lésion : les actes d'administration, parce que l'on a adopté en règle le système de l'ancien droit; les actes accomplis avec les formes spécialement exigées, par suite de la modification apportée sur ce point aux principes jusque-là en vigueur. Et on obtint ce résultat, comme l'Exposé de M. Berlier le prouve, en gardant le silence sur l'action en rescision[1].

63. Que l'on parcoure ensuite tous les travaux préparatoires auxquels ont donné lieu les art. 1305 et suiv., on ne trouvera pas une parole qui ait trait au tuteur; on verra que toutes les explications présentées et par les orateurs du gouvernement et par les tribuns, ont pour seul objet la capacité personnelle

---

[1] Comme il le dit lui-même, M. Berlier ne parle des *transactions* qu'à titre d'exemple. Ce choix s'explique, car c'est contre ces actes que, sous l'ancienne législation, la restitution était le plus facilement accordée.

du mineur; que toutes tendent à renfermer dans ses véritables limites la disposition de l'art. 1124. Mais d'abord montrons que sur cet article déjà on a déterminé le sens et la portée de l'incapacité qu'il établit, qu'on a annoncé par avance les art. 1305 et suiv., et que c'est dans cette prévision aussi que l'art. 1125 contient les termes : *« dans les cas prévus par la loi. »*

64. Dans le projet primitif il y avait un art. 22 ainsi conçu[1] :

Art. 22. « Les engagements contractés par les impubères sont radicalement nuls.

« Ceux contractés par les mineurs, les interdits, les femmes mariées, ne peuvent être attaqués que par eux *dans les cas prévus par la loi* etc. »

Or pourquoi cette distinction fut-elle supprimée? Bigot-Préameneu, dans son Exposé des motifs, nous l'apprend[2] :

« ..... Les mineurs, dit-il, sont regardés, à cause de la faiblesse de leur raison et à cause de leur inexpérience, comme incapables de connaître l'étendue de leurs engagements; *on peut contracter avec eux; mais s'ils sont lésés, on est censé avoir abusé de leur âge. — Leur capacité cesse pour tout acte qui leur est préjudiciable.*

« L'incapacité du mineur *n'étant relative qu'à son intérêt,* on n'a pas cru nécessaire d'employer la distinction entre les mineurs impubères et ceux qui ont passé l'âge de puberté.

« ..... Il faudrait, si l'on voulait prononcer à raison de l'âge, *une incapacité absolue de contracter;* il fau-

[1] Voy. Locré, XII, p. 96.
[2] Locré, XIII, part. 2, VIII, n° 18, p. 321 et suiv.

8

drait fixer une époque de la vie, et comment discerner celle où on devrait présumer un défaut total d'intelligence? Ne faudrait-il pas distinguer les classes de la société où il y a moins d'instruction? Le résultat d'une opération aussi compliquée et aussi arbitraire ne serait-il pas de compromettre l'intérêt des impubères au lieu de le protéger? *Dans leur qualité de mineurs, la moindre lésion suffit pour qu'ils se fassent restituer; ils n'ont pas besoin de recevoir de la loi d'autre secours.* »

65. Sur les art. 1305 et suiv., le même orateur s'exprime en des termes identiques[1].

« *Il résulte de l'incapacité du mineur non émancipé qu'il suffit qu'il éprouve une lésion* pour que son action soit fondée: s'il n'était pas lésé, il n'aurait pas d'intérêt à se pourvoir; et la loi lui serait même préjudiciable si, sous prétexte de l'incapacité, un contrat qui lui est avantageux pouvait être annulé. *Le résultat de son incapacité est de ne pouvoir être lésé, et non de ne pouvoir contracter. Restituitur tanquam læsus, non tanquam minor.* »

Je relèverai enfin dans le rapport du tribun Jaubert ce passage fort net[2]:

« Pour ce qui est des femmes mariées non autorisées et des interdits, ils n'auraient besoin que d'invoquer leur incapacité.

« A l'égard des mineurs, *des explications étaient nécessaires pour les obligations conventionnelles en général, car, par exemple, ce qui concerne l'aliénation de leurs immeubles a des règles particulières.*

[1] Locré, XIII, part. 2, VIII, n° 174, p. 391 et suiv.
[2] Locré, XII. *Éléments du Commentaire* X, n° 64, p. 494.

« Il est bien vrai qu'en règle générale un mineur est déclaré incapable de contracter; mais un mineur peut être capable de discernement; le lien de l'équité naturelle peut se trouver dans un contrat passé par un mineur.

« Voilà pourquoi la loi a dû distinguer. — S'il s'agit d'un mineur non émancipé, *la simple lésion donne lieu à la rescision en sa faveur. Il ne sera pas restitué comme mineur, il pourra l'être comme lésé.* »

66. J'ai souligné entre autres cette phrase : « Des explications étaient nécessaires pour les *obligations conventionnelles en général* etc. » C'est qu'il en résulte clairement que dans la pensée du législateur l'art. 1305 n'est point fait pour les actes requérant des formalités particulières, et qu'ainsi l'absence de ces formalités entraîne la nullité sans qu'il soit besoin de justifier d'aucune lésion, tandis que leur accomplissement, par contre, empêche le mineur de jamais revenir sur le contrat par lui passé. Pour le tribun Jaubert, les mots *toutes conventions* dont se sert l'art. 1305 signifient tellement *toutes conventions qui ne sont point assujetties à des conditions de forme,* qu'il regarde·presque l'art. 1314 comme superflu.

« *Hors les cas spécialement exprimés,* dit-il sur cet article [1], les mineurs ne peuvent être admis à la restitution. La restitution est un bénéfice extraordinaire et une exception. Toute exception doit être fondée sur une loi précise.

« Cependant il était convenable de rassurer pleinement ceux *qui traiteraient avec des mineurs* en suivant

---

[1] Locré, XII. *Éléments du commentaire X,* n° 66, p. 497.

les formalités prescrites. Cette précaution, si elle n'était pas nécessaire, est du moins utile, à cause de cette idée si invétérée et qui s'est si souvent réalisée, qu'il n'y avait pas de sûreté à traiter avec les mineurs. »

Remarquons encore combien plus l'art. 1314 aurait paru peu nécessaire s'il n'avait dû se rapporter qu'au cas où c'est le tuteur qui agit lui-même!

67. L'opinion que je viens de soutenir peut se ramener à ces trois propositions :

1° Le mineur est *capable*, comme le tuteur, de tous actes pour lesquels aucune formalité n'est spécialement prescrite ; mais, passés par lui seul, ces actes sont rescindables en cas de lésion, au lieu que, passés par le tuteur, ils sont inattaquables.

2° Les actes permis au tuteur avec certaines formalités le sont au mineur sous les mêmes conditions : les formalités remplies, ils sont à considérer comme s'ils avaient été faits par une personne majeure et maîtresse de ses droits.

3° Si les formalités dont il vient d'être parlé ont été omises, les actes sont annulables, indépendamment de toute lésion, qu'ils émanent du tuteur ou du mineur seul.

De ces propositions, la première et la dernière ont été vivement contestées ; la deuxième ne peut l'être en présence de l'art. 1314 ; mais on a prétendu généralement que la loi ne s'occupait pas du cas qu'elle règle, que l'art. 1314 n'avait en vue que le tuteur. En cela on s'est trompé, comme nous avons essayé de le démontrer, et cette erreur a été cause en partie qu'on n'est pas arrivé à s'entendre sur les deux autres propositions. Nous allons faire une revue rapide des objections qui se sont produites, et que, pour la plupart, je crois avoir réfutées à l'avance.

Première proposition.

68. A notre première proposition, un certain nombre d'auteurs voudraient en substituer une autre diamétralement opposée [1]. Suivant eux, l'engagement du mineur non émancipé est annulable par cela seul qu'il a été contracté sans l'assistance du tuteur, et il est rescindable pour lésion quand le tuteur y a concouru ou qu'il l'a même passé personnellement. Ainsi, nullité des actes du mineur, action en rescision pour lésion contre ceux du tuteur.

[1] Voy. : MM. Troplong, *De la vente*, I, n° 166. — *Des hypothèques*, I, n°ˢ 488 et suiv. — Demante, *Programme du cours de droit civil*, II, n° 781 et suiv., éd. du *Cours analytique*, continué par M. Colmet de Santerre, t. V, n°ˢ 268 et suiv., p. 505 et suiv. (1869). — Magnin, *Traité des minorités, tutelles et curatelles*. Paris 1835, II, n° 1137. — Toullier, VI, n°ˢ 105 et suiv.; VII, n°ˢ 527 et 573. — *Thémis*, t. III, p. 348. — Bastia, 12 juin 1855 (*Devilleneuve et Carette*, 55, II, 670). — Cass., 5 décembre 1838 (*Dev. et Car.*, 38, I, 945). Ce dernier arrêt, en décidant que l'héritier mineur qui a accepté la succession sous bénéfice d'inventaire peut, de même que l'héritier majeur, se faire restituer contre son acceptation, et que pour cela *il lui suffit d'être lésé*, a évidemment consacré l'opinion de Toullier, Magnin etc. Dans notre système, en effet, l'acceptation faite avec les formes et conditions requises par l'art. 461 est inattaquable; faite sans ces formes et conditions, elle est nulle. Il n'y a pas de place pour la rescision. Accorder cette action contre une acceptation régulière, comme dans l'espèce, c'est admettre qu'en principe tous les actes *régulièrement passés* pendant la minorité sont rescindables, à moins de disposition contraire de la loi, et que l'art. 783 se réfère à ce principe; c'est admettre par suite aussi la nullité des engagements pris par le mineur seul.

69. Avant d'entrer dans la réfutation de ce système, disons un amendement que M. Demante a cru devoir y apporter, après en avoir été un des plus éminents défenseurs. Cet amendement supprime toute distinction entre les actes du mineur et ceux du tuteur; les uns et les autres seraient rescindables pour cause de lésion [1]. La doctrine, quoi qu'il paraisse, n'est pas nouvelle : c'était là ce qu'enseignait l'ancien droit avant qu'on eût soustrait les actes d'administration du tuteur à la restitution en entier. Mais précisément au dix-septième siècle ce changement avait été fait, cette stabilité plus grande avait été imprimée aux contrats passés par le tuteur. Comment admettre dès lors que les rédacteurs du Code, qui ont adopté (M. Demante le concède maintenant) les règles en vigueur dans le dernier état du droit, quant aux actes du mineur, soient allés tirer de sa poussière une doctrine depuis longtemps oubliée, abandonnée, reconnue mauvaise? Ils auraient foulé aux pieds l'expérience des siècles passés, au moment même où, lui rendant un juste hommage, ils faisaient faire un pas de plus à l'innovation commencée au dix-septième siècle, en refusant l'action en rescision contre les actes, soit du mineur, soit du tuteur, qui sont entourés de garanties spéciales! — Au reste, cette opinion intermédiaire tombe naturellement avec celle dont elle est issue, et à laquelle elle emprunte les arguments qui lui sont nécessaires pour le besoin de sa cause : une fois prouvé que l'art. 1305 ne s'applique point au tuteur, M. Demante est des nôtres. J'aborde

---

[1] Demante, *Programme*, II, n° 782, note 1, 3ᵉ édit. — Édition de M. Colmet de Santerre, t. V, n° 270, note 1, p. 507 (*Cours analytique*, 1869).

donc, sans plus tarder, l'examen du premier système.

70. Le raisonnement fondamental qu'on nous oppose est celui-ci : L'art. 1124 déclare le mineur *incapable*, comme l'interdit, comme la femme mariée; or, aux termes de l'art. 1108, la capacité est de l'essence de la convention ; donc toutes les obligations contractées par le mineur seul sont frappées de nullité, et les art. 1305 et suiv. se rapportent au tuteur et uniquement au tuteur. S'il en était autrement, ajoute-t-on, si l'art. 1125, si les art. 1305 et suiv. restreignaient l'incapacité du mineur au cas de lésion, n'y aurait-il pas une contradiction inexplicable, une antinomie insoluble entre ces textes et l'art. 1124? Après avoir décidé que le mineur est incapable, que ses actes sont nuls, on finirait par dire qu'il est capable, que ses actes ne sont rescindables qu'en cas de lésion!

71. Pour répondre à cette argumentation, il me suffirait de renvoyer à l'exposé que j'ai fait de ma propre doctrine. J'insisterai pourtant sur ces quelques points :

1° Le sens de l'art. 1124 nous a été clairement révélé par les travaux préparatoires, sa rédaction expliquée par les antécédents historiques. Par les travaux préparatoires, nous avons vu que le mineur devait être incapable, non de contracter, mais de se léser en contractant. Mais pourquoi alors ce texte si général? pourquoi prononcer une incapacité absolue dont on fera consister plus tard le seul effet dans une restitution en entier pour cause de lésion? L'étude de l'ancien droit nous l'a appris : nous retrouvons ici une inconséquence à laquelle tous les auteurs du dernier siècle nous avaient habitués, à laquelle Pothier lui-même, le grand jurisconsulte, n'avait pas su se soustraire. L'art. 1125 a donc bien véritablement pour mission de ménager l'avenir, d'écarter par ces mots *dans les cas prévus par la loi*, l'idée d'une incapacité absolue, que la combinaison des art. 1124 et 1108 fait naître. Ce qui le prouve encore, c'est l'impuissance de nos adversaires à expliquer ces expressions de l'art. 1125 d'une manière satisfaisante. N'ont-ils pas été jusqu'à soutenir qu'il fallait entendre par là que l'art. 1124 ne *prévoit* que les *contrats ordinaires?* que ce sont là les *cas prévus par la loi*, où la nullité est admise, à la différence de ceux qui, non prévus par l'art. 1124 (mais prévus par d'autres textes, art. 1308, 1309 etc.) ne donnent point lieu à une action en nullité! — L'interprétation est quelque peu forcée! on l'a senti; mais regarde-t-on comme plus naturelle celle qu'on a proposée ensuite? — *Les cas prévus par la loi*, cela renverrait à l'art. 1304, à l'art. 1311 : cela signifierait que la nullité cesse quand dix ans se sont écoulés, quand une ratification est intervenue! Dans ce sens, il aurait fallu dire au moins que *le mineur ne peut attaquer ses engagements dans les cas prévus par la loi*. Mais est-il possible d'imaginer un langage plus obscur et plus incorrect que celui qu'on attribue au législateur? Si sa pensée avait été celle qu'on lui prête, il eût été si simple de l'exprimer par les mots : *sous les conditions prescrites par la loi*. Voici d'ailleurs un passage de l'Exposé des motifs de Bigot-Préameneu, d'où ressort bien qu'on n'a pas songé, en rédigeant l'art. 1125, aux conditions d'exercice de l'action en nullité[1]. « Au nom-

---

[1] *Exposé des motifs.* Locré, XII, p 323.

bre des droits et devoirs respectifs des époux se trouve l'inhibition à la femme... de donner, d'aliéner etc. — Cette incapacité civile ne s'étend point *au delà de ce qui est exprimé par la loi* [1]. »

2° Les art. 1304 et suiv., même l'art. 1314, s'occupent exclusivement du mineur; outre la preuve indirecte qu'en fournit la combinaison des art. 1124 et 1125, rapprochés de l'ancien droit et éclairés par les discussions du Corps législatif et du Tribunat, une preuve directe et irrésistible en est offerte par leur texte même. Et puis, les travaux préparatoires ici encore nous viennent, en aide, grâce aux explications qu'ils nous donnent, soit sur les art. 1305 et suiv., soit sur les art. 450-468. Nos adversaires, enfin, ont-ils bien songé au reproche d'extrême inconséquence qu'ils font peser sur le législateur? Quoi! il aurait déclaré hautement qu'on avait eu tort jusque-là d'accorder la restitution contre les actes les plus importants, contre les ventes immobilières, les partages etc., il aurait modifié sur ce point la législation existante, et pour les actes d'administration du tuteur, pour des actes d'une gravité bien moindre, pour des actes que l'ancien droit lui-même avait mis à l'abri de toute rescision, il aurait restitué le mineur! Ce qui était vrai quant aux premiers de ces actes, cessait-il de l'être subitement dès qu'il s'agissait des autres? Ce que le tribun Jaubert disait excellemment des ventes ou partages « qu'on est souvent forcé de traiter avec les mineurs, et que des mineurs ont souvent besoin qu'on traite avec eux, qu'il faut donc que l'intérêt des tiers soit garanti, lorsque les tiers ont

---

[1] Il est manifeste que Bigot-Préameneu renvoie à l'art. 217.

suivi les formes prescrites par la loi[1],» ces considérations ne peuvent-elles donc s'appliquer aux actes d'administration du tuteur? Quand aucune forme n'est
prescrite, l'intérêt des tiers ne doit-il donc pas être garanti, dès qu'ils se sont adressés à celui qui est constitué mandataire légal du mineur? Et les rédacteurs du
Code qui, dans l'intérêt des tiers, se sont écartés des
principes anciens, ont-ils pu oublier cet intérêt, ont-
ils pu lui porter atteinte, là où le droit antérieur lui-
même s'en était souvenu et l'avait respecté?

72. Que deviennent après cela les divers arguments
dont on s'est efforcé d'étayer ce premier et principal raisonnement, pour prouver encore : 1° que la loi a effectivement voulu et bien fait de vouloir que le mineur
fût absolument incapable; 2° qu'elle a, et avec non
moins de raison, donné la rescision pour lésion contre
les actes émanant du tuteur? Prenons ces deux séries
d'arguments secondaires.

73. 1°. — I. Que vient-on parler d'assimilation entre
le mineur et l'interdit? que vient-on invoquer l'art. 509?
Oui! l'interdit est assimilé au mineur, mais en ce sens
qu'il a un tuteur comme lui, et qu'à ce tuteur s'appli-
quent les règles de la *tutelle des mineurs!* Au delà
toute assimilation doit cesser. Nos adversaires se mé-
prennent d'ailleurs étrangement s'ils pensent assimiler
l'interdit au mineur; c'est le mineur, au contraire, qui,
dans leur système, est assimilé à l'interdit! La preuve,
c'est que, ne trouvant pas pour le mineur de texte analogue à l'art. 502, ils argumentent de l'art. 509 afin de
rendre commune au mineur et à l'interdit une dispo-

---

[1] Rapport du tribun Jaubert dans la séance du 13 pluviôse an XII
(Locré, t. XII. *Élém. du comment.* X, n° 66, p. 497).

sition qui n'est écrite qu'en vue de ce dernier. Nous pouvons donc enfermer leur opinion dans ce dilemme : si l'incapacité absolue du mineur est établie par l'art. 1124, et que l'art. 509 a le sens qu'on lui prête, à quoi bon l'art. 502? — Et si la nullité des actes du mineur ne découle pas des art. 1124-1125, peut-elle résulter davantage des art. 502 et 509? n'y aurait-il pas là une assimilation du mineur à l'interdit, et non de l'interdit au mineur?

74. II. Que vient-on dire ensuite que la loi, n'ayant pas, comme le droit romain, distingué plusieurs espèces de mineurs, fixé l'âge où l'enfance finit, où la puberté commence, a dû étendre la même incapacité absolue à tous ceux qui n'ont pas atteint encore l'âge de la majorité? — On oublie complétement ce qui a été dit et fait avant la rédaction définitive du Code. N'avait-on pas proposé d'abord de faire des impubères une classe à part, de frapper leurs actes d'une nullité de plein droit? Et pourquoi ce projet fut-il abandonné, si ce n'est que *«dans leur qualité de mineurs, la moindre lésion suffit* aux impubères pour qu'ils se fassent restituer ; qu'ils n'ont pas besoin de recevoir de la loi d'autre secours [1] ? »* Ainsi, loin que l'on puisse dire que tous les mineurs ont été par le législateur traités comme des impubères, il faut reconnaître que la distinction entre pubères et impubères a été supprimée pour que tous soient restituables seulement en cas de lésion. Quant à l'*infantia*, voici en quels termes M. Bigot-Préameneu explique le silence de la loi : « Supposera-t-on, dit-il, qu'une personne ayant la capacité de s'obliger contracte

[1] Bigot-Préameneu, *Exposé des motifs* des art. 1124 et suiv. (Locré, part. 2, VIII, n° 18, t. XIII, p. 322).

avec un enfant qui n'ait pas encore l'usage de la raison?... On n'a point à prévoir dans la loi ce qui est
contre l'ordre naturel et presque sans exemple[1]. »

75. III. On est tout aussi mal fondé à prétendre que
le fait par le mineur d'agir seul constitue une *violation
de forme*. Une violation de forme! mais on tombe dans
une déplorable confusion entre la *forme* et la *capacité!*
Je l'ai dit déjà, notre législation ne connaît pas l'*auctoritas tutoris*; le tuteur est institué pour représenter
la pupille et non pour l'assister. Et l'on voudrait que
le défaut d'assistance fût une violation de forme, quand
l'assistance n'est pas une forme légale! Une personne
est chargée de faire un acte, une autre le fait : l'acte
est-il vicié en la forme? Évidemment non! toute la
question est de savoir si celui qui a agi avait ou non
pouvoir suffisant, suffisante capacité. Or la loi, comme
nous l'avons vu, a consacré le pouvoir du mineur de
contracter personnellement, en ne lui accordant la
restitution que contre les actes qui lui sont préjudiciables.

76. IV. Je ne m'arrêterai pas aux arguments qu'on
a voulu puiser dans les art. 484 et 485 : leur faiblesse
est depuis longtemps reconnue. Il ne suffit pas que
l'engagement du mineur ait été contracté pour des
prix justes, il faut de plus qu'il ne soit pas exagéré,
qu'il ne porte pas une atteinte quelconque à sa fortune. Le mineur non émancipé n'a donc besoin ni
d'une action en nullité, ni de l'action en réduction du
mineur émancipé, pour revenir sur des dépenses trop
légèrement faites : l'action en rescision pour lésion lui

[1] Bigot-Préameneu, *Exposé des motifs* de l'art. 1124 (Locré. *loc.
cit.*).

est ouverte. — Cette action, d'autre part, ne saurait être confondue avec *l'action en réduction* : celle-ci se fonde sur *l'excès*, celle-là sur la *simple lésion* ; par le succès de l'une, l'acte est réduit, mais subsiste ; par le succès de l'autre il tombe ; la dernière peut être arrêtée par la bonne foi des tiers ; l'action en rescision est indépendante de cette bonne foi. Le retrait de l'émancipation (art. 485) a donc un intérêt réel : émancipé, le mineur n'avait la rescision pour lésion que contre les actes *excédant sa capacité* ; replacé en tutelle, elle lui sera accordée contre celles mêmes de ses conventions qui précédemment n'étaient que réductibles.

77. 2° Si nous passons maintenant à la seconde partie de l'argumentation de nos adversaires, où ils cherchent à établir que la loi a, et fort sagement, soumis à la restitution pour lésion les contrats passés par le tuteur lui-même, il nous est encore facile d'écarter les moyens fort peu solides qu'on nous oppose.

78. I. On en appelle à l'ancien droit et au droit romain. Dans ces législations, dit-on, le mineur avait la restitution contre tous les actes du tuteur, contre les actes mêmes qui étaient entourés de garanties spéciales et nombreuses. La loi nouvelle n'a pu répudier complétement cette doctrine ; nulle part elle n'a agi de la sorte ! — Il serait difficile d'imaginer un argument plus malheureux. Ignore-t-on quel fut le dernier état de l'ancienne jurisprudence ? Ne sait-on pas que les principes du droit romain longtemps observés avaient reçu alors une grave atteinte ? que les actes d'administration du tuteur avaient précisément été soustraits à l'application de ces principes sous l'empire desquels on voudrait les placer aujourd'hui encore ? — Et si le Code, comme nous le croyons aussi, a conservé, dans ses parties essentielles, le droit antérieur, ce ne peut être que le droit en vigueur lors de la chute de l'ancien régime. Il nous en a fourni lui-même une preuve directe, en refusant l'action en rescision contre les actes mêmes auxquels ne s'était pas étendue l'innovation faite au dix-septième siècle, ceux exigeant des formes particulières.

79. II. L'ancien droit ne présentant aucun appui, on se retourne vers le Code. Si, dit-on, tous les actes *régulièrement faits*, soit par le tuteur, soit par le mineur non émancipé, soit par le mineur émancipé, ne donnaient pas lieu en principe à la rescision pour lésion, la loi contiendrait-elle une disposition spéciale pour chaque cas où elle refuse cette action? Et pourtant c'est ce que nous voyons! pour le tuteur, dans les art. 463, 466, 840, 1314; pour le mineur non émancipé, dans les art. 1309 et 1398; pour le mineur émancipé enfin, dans les art. 481, 487, 1308. Quant au principe lui-même, il est posé dans l'art. 1305. N'est-ce pas aussi par application de ce principe que les art. 2252 N. et 481 Pr., l'un en suspendant la prescription, celui-ci en ouvrant au mineur la voie de la requête civile, prennent soin que les négligences du tuteur ne puissent préjudicier à son pupille? Et les art. 942 et 1074 ne seraient-ils pas des dispositions parfaitement inutiles, s'ils ne renfermaient des exceptions à ce même principe, si, en règle, le mineur ne pouvait être restitué que contre les actes qu'il a faits seul, contre les négligences auxquelles le tuteur a été étranger?

80. Je pourrais me contenter de répondre qu'un argument *a contrario* est toujours un bien faible moyen,

et qu'ici surtout rien ne s'oppose à ce que les textes que l'on présente comme exceptionnels ne soient bien plutôt des applications de la doctrine que nous croyons être celle du législateur. Mais il ne me sera pas même difficile de justifier la présence dans la loi de ces différentes dispositions. Qu'est-ce d'abord que les art. 463, 466, 480? Pourquoi y est-il dit que l'acceptation de la donation, que le partage, faits conformément aux règles par eux tracées, auront *à l'égard du mineur le même effet qu'à l'égard du majeur?* Le motif est fort simple. La loi nouvelle, à la différence de l'ancienne, ne voulant plus accorder la rescision contre les actes du tuteur soumis à des formes spéciales, a gardé le silence sur cette action, mais en même temps elle a fait ressortir l'innovation introduite, en s'expliquant sur le sort de quelques-uns des actes sur lesquels elle la faisait porter. — Et l'art. 1314? Oh! celui-ci ne se rapporte pas même au tuteur! il prévoit le cas du mineur agissant seul, donc n'agissant pas *régulièrement*, et ainsi il est la condamnation de l'opinion qui veut s'en prévaloir. Mais ce texte s'appliquât-il au tuteur, que nous ferait? Comme les art. 463, 466, 840, il consacrerait le changement apporté à l'ancien droit, et comme ces textes aussi, il nous fournirait un puissant argument *a fortiori*, en réponse à l'argument *a contrario* qu'on en tire, puisqu'il serait incompréhensible, nous l'avons dit déjà, que le législateur, en modifiant dans le sens de l'art. 1314 la doctrine ancienne, n'eût pas, comme cette dernière, refusé la restitution contre les actes d'administration du tuteur.

81. On prétend que les art. 1309 et 1398 seraient inutiles dans notre système! Mais s'agit-il dans ces

textes du tuteur contractant lui-même ou du mineur agissant sous son autorité? Ne règlent-ils pas, au contraire, la capacité du mineur faisant des conventions matrimoniales, avec l'assistance des personnes dont le consentement est requis pour la validité de son mariage, et parmi lesquelles le tuteur peut fort bien ne pas se trouver?

82. Reste le mineur émancipé; restent les art. 481, 487, 1308. Qu'y a-t-il d'étonnant, je le demande, que l'art. 481 annonce par avance la règle de l'art. 1305, la règle que le mineur émancipé n'a pas la rescision contre les actes d'administration qu'il fait? Une règle deux fois écrite est-ce donc chose rare dans notre législation? Les art. 1309, 1398 et 1095, les art. 791, 1130 et 1600, pour ne citer que ceux-là, ne nous en offrent-ils pas de frappants exemples? Au lieu de croire à un double emploi, faut-il aller jusqu'à dire que l'art. 1305 n'a en vue que les actes faits par le mineur émancipé *avec l'assistance de son curateur?* Mais ces actes n'excèdent pas les bornes de sa capacité telle qu'elle est déterminée *au titre de la minorité de la tutelle et de l'émancipation*, mais bien telle qu'elle l'est en l'art. 481 ! Le mineur émancipé assisté de son curateur est aussi *capable* de passer les actes qui exigent cette assistance que de faire seul ceux que l'art. 481 lui permet sans condition aucune. L'explication qu'on donne de l'art. 1305 est donc en contradiction avec le texte même de cet article. Remarquez aussi ce qu'il y aurait d'illogique à permettre au mineur émancipé d'attaquer sous prétexte de lésion les actes dans lesquels il a été assisté de son curateur, quand on lui dénie toute action contre ceux où il a figuré seul comme ad-

ministrateur de son patrimoine et contre ceux-là aussi, les plus importants de tous, qu'il a accompli en observant les prescriptions spéciales de la loi! — Quant aux art. 487 et 1308, il est évident qu'ils ne prêtent pas plus que l'art. 481 à l'argument *a contrario* qu'on y veut puiser.

83. Que dirons-nous maintenant des autres textes dont nos adversaires cherchent à se prévaloir? Il a été assez souvent et assez péremptoirement répondu à l'objection tirée des art. 2252 et 481, Pr., pour que nous n'ayons guère à nous y arrêter. L'art. 2252? il ne s'occupe nullement d'un contrat passé par le tuteur, et s'il préserve le mineur des effets de la négligence possible de ce dernier, c'est par une faveur toute spéciale, tout exceptionnelle, criticable peut-être, et à laquelle la loi même a apporté de fréquentes exceptions (art. 1663, 1676, 2252, 2278, N.; art. 444, Pr.). Et l'art. 481, Pr., n'admet-il pas l'État, les communes, les établissements publics, à se pourvoir, tout comme le mineur, par la voie de la requête civile, sans que l'on songe à en conclure que ces personnes morales ont l'action en rescision contre les actes régulièrement passés par leurs administrateurs? — Qu'importent enfin les art. 942 et 1074? Quoique le mineur ne soit pas restitué contre les actes de son tuteur, ne pouvait-on pas douter s'il ne le serait point contre des négligences, contre des omissions souvent fort préjudiciables? Et en s'expliquant à cet égard par des dispositions formelles, le législateur n'a-t-il pas suivi l'exemple de l'ancien droit? L'art. 942 est emprunté à l'Ordonnance de février 1731 (art. 14, 28, 29, 32), et près de l'art. 1074 se trouve un texte analogue, l'art. 1070 qui est

la reproduction de l'art. 32 (tit. 2) de l'Ordonnance d'août 1747. Que nos adversaires veuillent aussi nous dire pourquoi, dans leur système, cet art. 1070 refuse expressément la restitution au mineur appelé à une substitution contre une omission qui est le fait du grevé. Y aurait-il quelque art. 1305 décidant qu'en principe les actes ou négligences du grevé ne sont point opposables au mineur?

84. Ceux qui s'appuient sur l'argument *a contrario* que je viens de réfuter sont, du reste, les premiers à répudier certaines conséquences auxquelles il mène logiquement, et à avouer ainsi son peu de solidité. Si tous les actes du tuteur que la loi n'y a pas formellement soustraits sont sujets à la rescision pour lésion, ne semblerait-il pas que la transaction, que la renonciation à une hérédité dussent être rescindables? Eh bien! tout le monde est d'accord pour dénier au mineur la restitution contre ces actes. Si l'on a hésité davantage quant à l'acceptation d'une succession, si quelques arrêts notamment l'ont fait tomber sous le coup de la rescision, c'est qu'ils ont cru que « si l'art. 783 ne parle que du majeur, c'est que lui seul, pour être relevé de l'acceptation d'une succession, est tenu de prouver que cette acceptation est le résultat d'un dol, tandis qu'il suffit au mineur d'établir qu'il est lésé[1] : » en quoi ils se sont trompés, car l'art. 783, en ne parlant que du majeur, indique seulement que le mineur

---

[1] Req. rej., 5 décembre 1838 (*Dev. et Car.*, 38, I, 945). — Bordeaux, 17 février 1826 (*Sir.*, 26, II, 316). *Contra*, Toulouse, 29 mai 1832. (*Dev. et Car.*, 32, II, 352). *Voir dans le premier sens* Toullier, IV, n° 335, p. 351.

peut faire annuler l'acceptation si les formes et conditions prescrites par l'art. 461 n'ont pas été observées.

85. III. Je ne répondrai pas longuement aux diverses considérations que l'on fait valoir contre nous et grâce auxquelles on espère prouver que le législateur, dans sa sagesse, n'a pu refuser au mineur un moyen de protection aussi indispensable que la rescision pour lésion. Qu'est-ce souvent que le tuteur? dit-on, — un étranger auquel la loi impose une charge très-lourde, féconde en soins, en soucis, en peines de toute sorte, et cela, sans compensation aucune. Ne peut-on pas attendre d'un pareil mandataire une administration défectueuse, des actes trop légèrement faits? Et quand ces actes sont pour le mineur d'une grande importance, quand ils lui causent un préjudice considérable, il n'aurait aucun moyen de s'en faire relever! — Vraiment, on s'exagère de singulière façon les dangers que court le mineur, et, en voulant le préserver de dommages quelque peu imaginaires, on l'expose à d'autres très-réels. On craint la légèreté, l'imprévoyance du tuteur? Mais de cette légèreté, de cette imprévoyance, n'est-ce pas lui qui le premier pourrait porter la peine? Ne répond-il pas, aux termes de l'art. 450, des dommages-intérêts pouvant résulter d'une mauvaise gestion? Ensuite, qui voudra traiter encore avec le mineur, si tout acte, quelque nécessaire qu'il soit, peut, au bout de dix, de vingt, de trente ans même, être attaqué sous prétexte de la plus minime lésion? A force de protection, le mineur sera en quelque sorte hors la loi, et nous retomberons dans tous les inconvénients si graves, si déplorables, dont l'ancien droit n'avait cessé de gémir. Le tuteur, les tiers demanderont vainement à

remplir certaines formes qui fassent obstacle à la rescision, certaines conditions protectrices : il n'y en a
que pour les actes les plus importants, leur sera-t-il répondu ; pour les autres, les plus fréquents, les plus
nécessaires, la loi ne veut que l'assistance du tuteur.
Et alors que les tiers s'adressent au tuteur, qu'ils trai-
tent avec lui, comme la loi le désire, ils se placeront
sous le coup de la rescision ; à la menace de cette action, nul moyen d'échapper. — On le voit, le système
que nous croyons être celui du Code, et qui déclare
inattaquables tous les contrats régulièrement souscrits
par le tuteur, est le seul logique ; ce qu'on pourrait dé-
sirer seulement, c'est que des actes tels que les acqui-
sitions d'immeubles en emploi de deniers pupillaires
ne fussent pas indistinctement permis au tuteur,
mais que leur utilité dût être au moins reconnue par
le conseil de famille.

86. Si, comme M. Demolombe l'a fait remarquer,
l'opinion que nous venons de combattre a des partisans
très-convaincus, si M. Troplong a pu qualifier *céré-
brines* les objections soulevées contre elle; si M. Demante considère comme *évident* que les actes passés
par le tuteur dans la forme légale sont valables, mais
sujets à restitution pour lésion, il n'en est pas moins vrai
que la plupart des auteurs ont rejeté cette doctrine[1]

---

[1] MM. Aubry et Rau, III, § 335, p. 179, note 3; p. 181, note 8. —
Demolombe, *Traité de la minorité*, I, nᵒˢ 821 et suiv., p. 623 et suiv.
— Colmet de Santerre, *Cours analytique continué*, V, nᵒ 270 *bis*,
p. 507 et suiv. Paris 1869. — Massé et Vergé, III, § 582, p. 473, note 3.
— De Fréminville, *Traité de la minorité et de la tutelle*. Clermont
1845, II, nᵒ 827. — Larombière, *Traité des obligations*, IV, art. 1305,
nᵒˢ 7 et suiv. — Pont. *Revue de législation et de jurisprudence*, XXI
(1844), p. 217 et suiv. — Solon, *Des nullités*, I, nᵒˢ 71 et suiv. —

et que, d'abord chancelante[1], la jurisprudence est fixée dans notre sens depuis un mémorable arrêt de la Cour de cassation, en date du 18 juin 1844[2]. C'est ainsi, par exemple, que le tribunal de Péronne a décidé « que les obligations contractées par le mineur n'étant point frappées d'une nullité absolue, mais seulement sujettes à rescision pour cause de lésion, la vente consentie à un mineur est réellement translative de propriété au profit de celui-ci, et que par suite la résolution de cette vente opérant une nouvelle mutation est passible du droit proportionnel d'enregistrement » (Loi du 22 frimaire an VII, art. 68)[3].

Troisième proposition.

87. Notre troisième proposition est, on s'en souvient, que « si les formalités prescrites en certains cas dans l'intérêt du mineur ont été omises, l'acte est annulable, qu'il émane d'ailleurs du tuteur ou du mineur seul. » — Quelques auteurs ont soutenu, au contraire, que l'action en nullité ne peut jamais apparte-

---

Proudhon et Valette, II, p 459 et suiv.. 470. — Marcadé, IV, sur art. 1305. — Fréd. Duranton, *Revue étrangère et française de législation*, 1843, p. 345 et 689 etc.

[1] *Dans notre sens*, Toulouse, 13 février 1830 (Sir., 31, II, 314). Bastia, 26 mai 1834 (Sir., 35, II, 27). — *En sens contraire*, Cass., 5 décembre 1838 (*Dev. et Car.*, 38, I, 945).

[2] Civ. rej., 18 juin 1844 (*Dev. et Car.*, 44, I, 497). — *Dans le même sens, depuis :* — Cass., 19 février 1856 (Dalloz, 56, I, 86). — Req., 8 août 1859 (Dalloz, 59, I, 361). — Cass., 24 avril 1861 (*Dev. et Car.*, 61, I, 625). — Cass., 25 mars 1861 (Dalloz, 61, I, 202). — Paris, 18 juillet 1864 (Dalloz, 64. Table, v° *Obligation*, n° 15. Dev. et Car., 64, II, 290). Lyon, 18 juin 1865 Dalloz, 66, II, 53. *Contra*, Bastia. 12 juin 1855 (*Dev.*, 55, II. 670).

[3] Tribunal de Péronne, 30 janvier 1857 (Dalloz, 57, III, 42).

nir au mineur contre les engagements qu'il prend lui-même ; contrats passés sans l'observation des formes légales, contrats affranchis de toute condition de forme, il n'y a point à distinguer : les uns et les autres ne sont que rescindables pour lésion. Il faudrait que l'acte fût fait par le tuteur pour que l'omission des formalités spéciales pût entraîner la nullité[1].

Nous avons déjà indiqué plus haut la plupart des motifs pour lesquels cette opinion nous paraît insoutenable.

L'ancien droit, qui avait prévu le cas où le mineur ferait seul un contrat soumis à des formes protectrices, lui donnait l'action en rescision pour lésion s'il avait rempli ces formes, l'action en nullité s'il les avait négligées.

Donc les rédacteurs du Code, s'ils eussent voulu remplacer cette action en nullité par l'action en rescision, n'auraient pas manqué de manifester leur intention par une disposition formelle, de même qu'ils ont déclaré expressément que, les formalités observées par le mineur, l'acte est inattaquable.

Au lieu de cela, Malleville nous dit que la lésion est présumée, que le contrat est nul, quand le mineur omet les formes prescrites[2].

---

[1] Marbeau, *Traité des transactions*. Paris 1832, n° 42. — **Merlin**, *Questions de droit*, III, v° *Hypothèques*, § 4, n°s 2 et suiv. — Duranton, *Traité des contrats*, I, chap. 2, sect. 2, § 1. (Ce dernier auteur est revenu sur son opinion dans le *Cours de droit civil*, X, n°s 286 et suiv.) — Cass., 30 mai 1814 (Sir. 14, I, 201). — Cf. Cass., 4 vendémiaire an X (Sir., Addit. au t. II, p. 321-323). Poitiers, 12 messidor an XI (Sir., Addit. au t. III, p. 489).

[2] Malleville, *Analyse raisonnée de la discussion du Code civil*, II, p. 139.

Au lieu de cela, l'art. 1314 parle de *formalités requises à l'égard des mineurs*, c'est-à-dire de formalités dont l'inobservation entraîne la nullité, et nous savons que ce texte s'occupe du mineur agissant seul.

Au lieu de cela enfin, l'art. 1311 mentionne des actes du mineur *nuls en leur forme*, ce qui, comme nous l'avons montré [1], ne peut se rapporter qu'à ceux faits par le mineur lui-même, par le mineur lui seul, au mépris des formes requises.

Ces points reconnus, l'argument qu'on a déduit de la généralité de l'art. 1305 tombe de lui-même [2].

Toutes sortes de conventions, cela signifie, quant au mineur non émancipé, toutes conventions pour lesquelles des formes spéciales ne sont point exigées.

Toutes conventions qui excèdent les bornes de sa capacité, cela veut dire, pour le mineur émancipé, tous actes qu'il ne peut faire seul, mais qui néanmoins ne sont point soumis à des formalités particulières (cf. art. 482).

Et pourquoi ces expressions si compréhensives? Pour faire ressortir vivement combien le mineur, sur ce point, diffère du majeur, pour rendre saillante l'opposition qui existe entre les art. 1305 et 1313. Le mineur, en règle, est restitué contre *toutes conventions*, quand le majeur, lui, ne peut l'être que *dans les cas et sous les conditions spécialement exprimés dans le Code*.

Rappelons enfin que cette explication de l'art. 1305 est conforme aux déclarations du tribun Jaubert, qui limite la restitution pour lésion *aux obligations conven-*

---

[1] Voy. *supra*, n° 59.

[2] Voy. d'ailleurs *supra*, n° 58.

tionnelles en général, ajoutant : « Ce qui concerne, par exemple, l'aliénation des immeubles a des règles particulières[1]. »

88. Mais, dit-on, comment admettre que les formes prescrites au tuteur le soient également au mineur? Eh quoi! le législateur aurait prescrit à ce dernier de s'adresser lui-même au conseil de famille, à la justice? Il aurait considéré comme possible, comme régulier même, le fait d'un pupille qui, laissant là son tuteur, demande l'autorisation de vendre ses immeubles, de les hypothéquer? Il aurait ainsi placé le conseil de famille et le tribunal dans la nécessité de juger le mérite de la demande que le mineur seul leur soumet? — Et puis, pourquoi exiger du mineur l'accomplissement de formalités dont l'omission ferait annuler l'acte? Quand il agit, ce n'est, ce ne peut être, aux yeux de la loi, qu'accidentellement, et alors la rescision pour lésion lui suffit; en tous cas possibles, il *n'a pas besoin de recevoir d'autre secours!* Pour le tuteur il en est tout différemment. Mandataire légal, ses actes sont en principe inattaquables; contre eux nulle rescision pour lésion; mais mandataire étranger, imposé au mineur et non librement choisi, il ne devait pouvoir souscrire des contrats importants, sans avoir été autorisé au moins par le conseil de famille; et comme sanction des conditions et formes qu'on lui prescrivait, la nullité était nécessaire. Mais accorder au mineur l'action en nullité contre ses propres actes! La loi, pour en arriver là, aurait dû oublier les principes mêmes dont elle s'était inspirée quand, dans l'art. 1305,

[1] Voy. *supra*, nᵒˢ 65-66.

elle avait subordonné la restitution du mineur à la preuve d'une lésion! Ou bien ne serait-il pas vrai, dès qu'il s'agit de certains contrats importants, que le *lien de l'équité naturelle* se forme! que le mineur n'est incapable qu'autant qu'il justifie la présomption d'inexpérience, de faiblesse, qui appelle sur lui la protection de la loi? Cette protection, enfin, ne dépasserait-elle pas les bornes de la justice, si, non contente de mettre le mineur à l'abri de toute lésion, elle lui offrait un moyen de faire tomber des actes originairement avantageux et qui n'ont cessé de l'être qu'à la suite d'un événement casuel que nulle sagesse humaine ne pouvait prévoir ou détourner?

89. L'argumentation semble puissante; à mon sens elle n'est que spécieuse. D'abord, nous ne prétendons nullement que le législateur a *prescrit* au mineur certaines formes, qu'il lui a dit : « Agissez, mais observez les mêmes formalités que votre tuteur. » Non, car voici, au contraire, quel nous paraît l'esprit de la loi : l'accomplissement des formes exigées par les art. 457 et suiv. est la condition *sine qua non*, sous laquelle certains actes importants sont autorisés pendant la minorité; si cette condition est ou ne peut être réalisée, l'acte est complétement défendu. Que le mineur, maintenant, parvienne, *en fait*, à observer, comme le tuteur, les règles tracées à celui-ci, quelle raison y aurait-il de refuser pleine efficacité au contrat? mais, dans le cas contraire aussi, les choses doivent se passer comme si l'acte avait été fait par le tuteur, sans les garanties dont la loi veut qu'il soit entouré. Sans doute, cette dernière hypothèse sera de beaucoup la plus fréquente; sans doute, le mineur ne pourra guère se conformer aux

prescriptions légales, ne pourra guère remplir les formalités requises ; mais alors qu'il le laisse ! C'est le vœu de la loi. Est-ce une raison, en tout cas, pour que l'acte fait par lui sans aucune des précautions que le tuteur est obligé de prendre ne donne naissance qu'à une action en rescision pour lésion ? une action où c'est au mineur qu'incombe la charge des preuves, preuves fort difficiles, souvent impossibles à fournir, et dans l'appréciation desquelles une latitude si grande est laissée au juge ? N'accorder que cette action au pupille qui a agi lui-même, quand on déclare annulables, indépendamment de toute lésion, les actes passés par son tuteur, ne serait-ce pas encourager les mineurs à contracter seuls, à prendre seuls les engagements les plus graves ? et cela au mépris des formalités qui ont autant pour but d'empêcher qu'ils ne soient privés d'un bénéfice que de les préserver d'une lésion ! d'assurer la conservation de leur fortune, en la soustrayant aux pertes qui peuvent résulter de cas fortuits, d'événements imprévus, que de faire qu'elle ne soit diminuée par des contrats désavantageux !

90. Ce que nous venons de dire de l'action en rescision montre combien nos adversaires sont mal fondés à soutenir que cette action est suffisante au mineur, aussi bien quand il a fait irrégulièrement un acte exigeant des formalités spéciales que dans le cas où le contrat souscrit par lui rentre dans la classe des actes d'administration. Si, dans cette dernière hypothèse, la loi a regardé l'action en rescision comme un moyen de protection assez énergique, si elle a fait une certaine part au *lien de l'équité naturelle* qui se forme, si elle a pensé que le mineur avait suffisamment démenti la pré-

somption d'incapacité naturelle qu'elle fait peser sur lui , en passant un contrat qui ne fût pas lésif en lui-même, s'il lui a semblé enfin que les dommages éventuels pouvant résulter plus tard de ce contrat ne devaient pas entrer en ligne de compte, il nous faut nous soumettre à cette décision, quoiqu'elle n'échappe peut-être pas à la critique ; mais , en tout cas , nous ne pouvons en induire que le même système a été adopté quant à des actes beaucoup plus importants, à la vente d'immeubles , au partage etc. Là, en effet, le danger étant plus grand, la protection devait être plus étendue : ce n'était plus au mineur que pouvait être abandonnée l'appréciation du plus ou moins d'opportunité de pareils actes, ce n'était plus lui qui pouvait prévoir les bénéfices que ces actes l'empêcheraient de réaliser, ou les pertes qu'ils pourraient lui attirer dans l'avenir; il y avait enfin de trop puissants intérêts en jeu pour que l'on pût les faire dépendre d'une preuve aussi délicate que celle de la lésion. Toutes ces considérations devaient conduire le législateur à ce résultat que si la famille, si la justice n'avaient pas approuvé l'acte, si des formes protectrices n'avaient pas été observées, la lésion fût toujours présumée et l'action en nullité ouverte au mineur. Et n'avons-nous pas une preuve irrécusable que ce résultat fut accepté , fut consacré par la loi? Si l'action en rescision était une sauvegarde suffisante, pourquoi ne l'eût-on pas donnée aussi contre les contrats passés par le tuteur au mépris des formes requises? N'y aurait-il pas eu parité de motifs? bien plus, n'y aurait-il pas eu un *a fortiori* évident? car voyez où aboutit le système que nous combattons ! Le tuteur, qui peut faire *irrévocablement* tous les actes d'administration, est tenu, s'il veut consentir tout autre acte, de remplir certaines formes, *à peine de nullité* [1]. Et le mineur, qui est restituable pour lésion contre les actes d'administration faits par lui seul, n'aurait que la même action en rescision pour lésion s'il a violé les formes et conditions imposées au tuteur! En présence de contradictions aussi choquantes, on comprend que l'opinion qui y mène ait trouvé peu de crédit auprès de la doctrine [2], ait été condamnée par la jurisprudence [3].

[1] Le principe que la violation des formes prescrites au tuteur entraîne la nullité, indépendamment de toute lésion, a été posé avec beaucoup d'énergie par la Cour de cassation, dans des circonstances où les premiers juges avaient reconnu que l'annulation *serait désastreuse pour le mineur!* Malgré cela, la Cour a annulé : « Attendu, dit l'arrêt, que le défaut d'autorisation et d'homologation entraîne une nullité qui vicie les actes d'aliénation à leur origine même, et que les mineurs peuvent justement les attaquer sans obligation pour eux de prouver qu'il en résulte à leur préjudice une lésion quelconque; — attendu qu'en décidant le contraire et en se fondant, pour écarter la nullité proposée, sur ce que dans l'espèce la vente attaquée était dans l'intérêt de toutes les parties, et que d'ailleurs elle offrait des résultats favorables aux demandeurs, l'arrêt dénoncé a méconnu les caractères juridiques et la portée légale de la nullité invoquée, et a ainsi expressément violé les art. 457, 458 et 459, Casse — (Cass., 25 mars 1861. Dalloz, 61, I, 202). -- Cf. aussi Cass., 22 frimaire an XII (Sir., 4, II, 658). -- Cass., 26 août 1807 (Sir., 7, I, 437).

[2] Voy. les auteurs cités en note du n° 86.

[3] Voy. Cass., 13 juillet 1857 (Dalloz, 57, I, 334). Paris, 18 mars 1839 (Sir., 39, II, 178). -- Cass., 16 janvier 1837 (Sir., 37, I, 102). -- Rennes, 17 novembre 1836 (Sir., 37, II, 354). — Amiens, 29 juillet 1824 (Sir., 24, II, 243). Cf. Cass., 8 août 1864 (Dalloz, 64, I, 475).

Typographie de G. Silbermann, à Strasbourg.